KB249533

글쓰기의
절차와 과정

ㄱㄴㄷㄹ　　　　외국인 유학생을 위한 교양 한국어

글쓰기의
절차와 과정

김경훤 오광근 유하라 김희경 현원숙 홍은실 지음

성균관대학교
출판부

　최근 한국 대학에서는 유학생 수가 많아짐에 따라 그들의 학업 능력에 대한 관심도 높아지고 있다. 일반 목적의 한국어와 대학에서 필요한 학문 목적의 한국어는 그 내용과 수준에 큰 차이가 있다. 유학생의 원만한 대학 생활을 위해서는 한국어 교육원에서 배웠던 일상생활의 영위를 위한 기초적 한국어 능력만으로는 부족하다. 대학에서 이루어지는 의사소통은 격식적인 상황에서 문어 중심으로 진행되는 특징이 있기 때문이다. 또한 일반교양 지식은 물론 전문 지식을 학습할 수 있는 정도의 한국어 능력도 필요하다. 이러한 언어 능력을 제대로 갖추지 못한다면 유학생들이 대학 생활을 제대로 영위하기 힘들다. 그리고 무엇보다도 대학에서의 수학 능력을 극대화하기 위해서는 학습 언어 능력을 키우는 것이 시급하고 필수적이다.

　이러한 문제의식을 바탕으로 성균관대학교 학부대학에서는 〈유학생을 위한 한국어 교재〉 시리즈를 개발하여 세상에 내놓는다. 이 교재는 유학생들이 대학의 학업을 성공적으로 수행하도록 돕는 데에 목표를 두고 있다. 대학에서 필요한 한국어 의사소통 능력과 함께 학업에 필요한 실제적인 기술들을 중심으로 구성하였으므로 학습 과정 동안 한국어 능력은 물론 학업 능력까지 자연스럽게 향상될 것으로 믿는다.

　『글쓰기의 절차와 과정』은 외국인 유학생이 글쓰기의 일반적인 절차를 이해하고 숙지함으로써 어떤 글이든 쓸 수 있는 능력을 가질 수 있도록 하였다. 학생들이 글을 쓰기 전에 글의 주제와 구성을 전략적으로 생각하고 절차대로 글을 쓸 수 있도록 구성하였다.

이 책의 목차는 기존의 과정 중심의 글쓰기 방식을 지향하는 다른 책들과 비교했을 때 내용면에서 차이가 있다. 첫째, 목차와 내용적인 면에 있어 그런 항목과 내용들이 글쓰기에서 왜 중요한지 그리고 왜 필요한지에 대해 독자들을 설득하고자 했다. 둘째, 각 항목에는 유학생들이 수업 시간에 작성한 글의 실례를 제시하였는데 그 예문들이 어떤 점에서 좋은지, 원문을 어떻게 수정하는 것이 바람직한 것인지를 설명하고, 학생들이 수정 작업을 통해 좋은 글로 변모해 가는 과정을 제시하였다.

이 교재는 2014년 1학기에 성균관대학교의 학부대학 내에서 한국어 집중학습 과정이 개설될 때부터 집필하기 시작하였다. 그 학기가 끝날 무렵에 교재가 완성되었지만 유학생을 위해 어떤 수업을 진행할지에 대한 고민으로 한 학기 동안 난상 토론이 진행되었고 2년 이상을 교재 집필에 매달려 이제야 빛을 보게 된 것이다. 아무쪼록 이 교재 시리즈를 통해 유학생들의 학업 능력이 향상되어 한국에서 대학 생활을 만족스럽게 즐기고, 학업 성과도 크게 거두기를 기대한다.

마지막으로, 교재 준비 단계부터 집필의 전 과정에서 작업이 수월하게 진행될 수 있도록 많은 도움을 주신 학부대학 유홍준 학장님과 실무 관계자들께 감사드린다. 또한 저자의 한 사람으로서 이 교재의 집필에 참여해주신 여러 선생님들께 진심으로 감사의 마음을 전한다. 덧붙여 이 교재들은 교육 프로그램과 관련되어 있어서 여러 종류의 교재 출판이 동시에 진행될 수밖에 없었다. 사정이 이러함에도 불구하고 출판 일정, 삽화, 교열 교정까지 꼼꼼하게 점검해 주신 성균관대학교 출판부 관계자 여러분께도 감사드린다.

2016년 8월
공동 저자 대표 김경훤

"글쓰기의 절차와 과정"에서는 외국인 유학생이 글을 쓰는 과정에서 무엇을 고민해야 하는지에 대해 스스로 생각하고 그것에 대해 스스로 결정하며 그렇게 내린 결정을 한국어로 표현하는 능력을 기르는 데 중점을 두고 있다. 이 책에 제시된 예문들의 대부분은 외국인 유학생들이 실제로 글쓰기 수업 시간에 글을 쓰는 과정에서 얻은 것들이다. 이 책에서 제시된 외국인 학생들이 작성한 글에 어떤 변화가 일어났는지 살펴보는 것을 통해서도 여러분들이 글을 쓸 때 내용을 풍성하게 하고 표현을 구체적으로 작성할 수 있도록 도울 것이다.

"글쓰기의 절차와 과정"은 크게 1부 성찰적 글쓰기(1과~7과)와 2부 학문 목적 글쓰기(9과~15과)로 구성되어 있다. 1부는 일상적인 글쓰기에 대한 절차와 과정에 대한 내용이고 2부는 보고서와 관련한 내용이다. 제8과는 한 편의 글이 완성되기까지의 전 과정을 보여주었다.

일반적인 글쓰기로 한 학기 수업을 진행할 때에는 제1부만으로도 충분하다. 그런데 한 학기에 보고서 쓰기가 학습의 목표라면 제2부를 중심으로 수업을 진행하되 1부의 내용을 참고하는 것이 좋을 것이다.

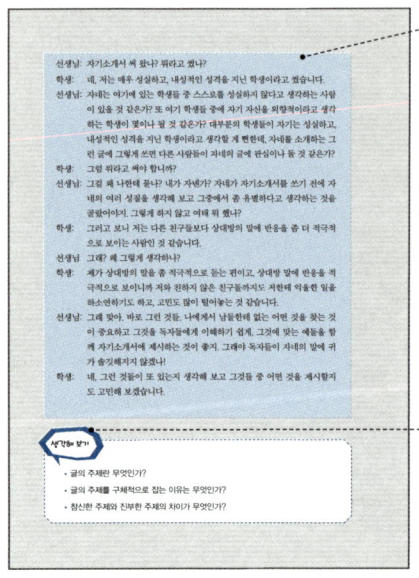

도입

- 해당 과에서 다루는 내용과 관련하여 내용을 대화 형식으로 제시하였다.
- 선생님과 학생과의 대화에서 선생님은 연세가 든 남자 선생님의 '하게체' 말투를 염두에 두었다.

생각해 보기

- 본문에서 다루고 있는 주요 내용에 대해 학생들이 먼저 생각할 수 있게끔 한두 가지를 의문문으로 제시하였다.

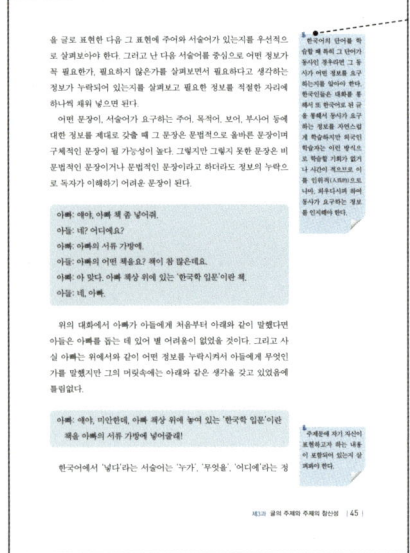

메모장

- 본문 내용을 보충하거나, 강조할 필요가 있을 때 그 내용을 본문 옆에 제시하였다.

활동

- 가 과에서 제시한 내용을 실제에 적용하
도록 구성하였다. 수업 시간이 충분하면
강의실에서 학생들이 선생님의 지도 아
래 이 활동을 전개하고 수업 시간에 이 활
동을 전개하기에 시간이 부족하면 과제로
부여해도 된다.

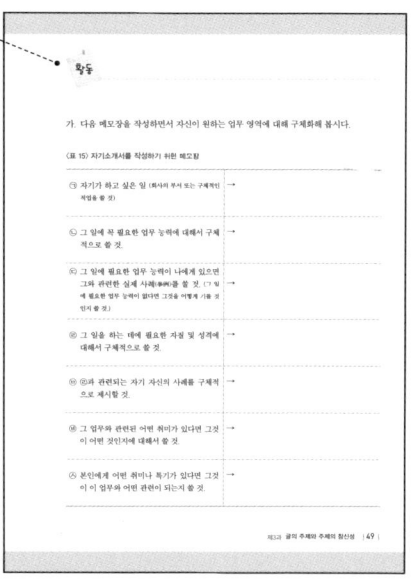

과제

- 각 과에서 학습한 내용과 활동을 바탕으
로 학생들이 직접 글을 쓸 수 있도록 과제
를 제시하였다. 해당 과의 내용뿐만 아니
라 이제까지 학습한 내용을 종합적으로
반영할 수 있도록 유도하였다.

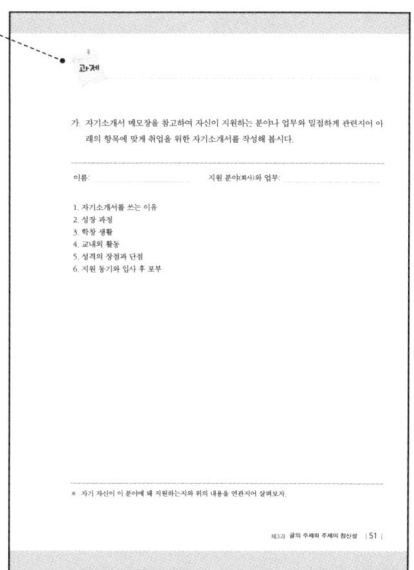

·목차·

제1부

성찰적 글쓰기

제2부

학문 목적 글쓰기

제1부

성찰적 글쓰기

제1과

———

글쓰기 절차

학생 1: 내일까지 제출할 자기소개서 썼니?

학생 2: 아니, 아직 안 썼는데.

학생 1: 언제 쓰려고?

학생 2: 오늘밤에 쓰면 되지 뭐가 걱정이야! 나에 대해서 쓰면 되는데 뭘. 그거 쓰려고 자료를 찾을 필요도 없잖아! 좀 이따가 컴퓨터 게임 한 판 하고 난 후에 한 번에 쫙 써야지. A4용지 한 장 내외로 쓰면 되니깐 금세 쓸 수 있을 거야.

학생 1: 과연 그럴 수 있을까? 그게 그렇게 쉽지 않을 텐데.

학생 2: 아냐, 한 번에 쓸 수 있어.

학생 1: 그래, 잘해 봐. 안녕.

아들: 엄마, 배고파! 밥 줘!

엄마: 그래? 잠시만 기다려 봐. 솥에 쌀을 안쳐서 금방 밥해서 줄게.

〈잠시 후〉

아들: 엄마 아직도 밥 안 됐어?

엄마: 원래 밥하는 데 시간이 걸리는데 왜 그래?

아들: 전기밥솥으로 밥을 하는 거잖아.

엄마: 전기밥솥으로 밥을 한다고 해서 밥이 저절로 된다니? 쌀 씻어야지, 그것도 몇 번. 그 쌀을 전기밥솥에 넣어야지. 쌀이 익을 때까지 끓여야지. 밥에 뜸이 들어야지. 각각 1분씩만 해도 5분은 걸리겠다. 그리고 그것을 아무런 순서 없이 막 하는 줄 아니?

아들: 아!

생각해 보기

• 무엇인가를 쓸 수 있다고 생각할 때 우리는 그것을 바로 글로 쓸 수 있는가?

• 우리가 글을 쓰기 전에 생각해 볼 점은 무엇인가?

1. 글쓰기의 어려움

글씨를 쓸 때에는 '일필휘지(一筆揮之)' 즉 단숨에 죽 써 내려가는 것이 있다. 그런데 글에는 그런 과정(過程)이 거의 불가능하다. 글이라고 하는 것은, 자기 자신이 지금 당장 무엇인가를 쓰고 싶다고 해서 그것을 곧바로 쓸 수 있는 성질(性質)의 것이 아니기 때문이다. 설령 누군가가 그렇게 해서 어떤 글을 썼다고 해도 그 글로 독자(讀者)들의 시선(視線)을 사로잡기란 쉽지 않다.

왜 그런 것일까? 그것은 한 편의 글이 완성되려면 여러 단계(段階)의 글쓰기 과정을 거쳐야 어느 정도의 글이라도 완성되기 때문이다. 글쓰기 과정에 여러 단계가 있다고 말하는 것은 글을 쓰는 과정 각 단계에서 고려(考慮)해야 할 사항이 많다는 것을 의미한다.

〈표 1〉 글을 쓰기 전 고려해야 할 사항

① 무엇을 글로 쓸까? – 글 구상
② 어떤 자료(資料)를 참고(參考)할까? – 자료 찾기
③ 글을 쓸 때 찾은 자료의 무엇을 어떻게 정리(整理)할까? – 자료 정리
④ 독자들에게 무엇을 전달(傳達)할까? – 주제문 작성
⑤ 그것을 제대로 전달하기 위해 어떤 방식으로 내용을 배열(配列)할까?
   – 개요 작성
⑥ 독자들이 내 글을 쉽고 빠르게 이해하도록 하기 위해 편집(編輯)은 어떻게 할까?(글자 크기, 사진, 그래프 삽입 등) – 편집

무슨 일이든, 고려해야 할 사항을 무시한 채 일을 진행(進行) 한다면 그 어느 누구도 대부분의 일을 효과적(效果的)으로 진행할 수 없다. 그리하여 우리는, 이제부터 글쓰기의 과정을 효과적으로 진행하기 위해서 각 단계별 글쓰기의 절차(節次)를 세부적으로 살펴보도록 한다.

2. 글쓰기 절차와 절대 시간

2.1. 글쓰기 절차의 중요성

📌 **절대 시간(絶對時間)**
어떤 일을 하는 데 꼭 필요한 시간 또는 최소한의 시간을 의미한다.

우리는 글쓰기에 절차가 있다는 사실을 명심(銘心)해야 한다. 즉 한 편의 글을 완성(完成)하기까지는 여러 단계의 글쓰기 절차가 있고, 각각의 단계에는 거기에 맞는 여러 사항을 고려해야 한다. 그리고 각각의 단계를 거치는 데에 어느 정도의 일정한 시간이 소요됨을 알아야 한다. 우리는 이 시간을 흔히 절대 시간이라 한다.

사실 절차는 글쓰기에만 있는 것이 아니다. 그것은 우리 삶 속에 늘 존재한다고 볼 수 있다. 예를 들어 오늘 먹을 저녁을 생각해 보자. 집에 저녁을 준비할 사람이 따로 있다면 모를까, 또는 오늘 저녁을 밖에서 사 먹거나 집에서 전화로 주문(注文)해서 배달 음식을 시켜 먹을 것이 아니라면 우리는 저녁에 무엇을 먹을지부터 떠올린다. 그리고 그렇게 떠오른 생각을 중심으로 그에 맞게 여러 준비(準備) 단계를 거쳐 저녁을 마련하여 먹게 된다.

오늘 저녁을 직접 준비한다고 가정하고 내가 그 저녁을 어떻게 준비할지 생각해 보자. 아마도 그 과정을 제시하면 다음과 같을 것이다.

〈표 2〉 저녁 준비와 글쓰기 절차 비교

저녁 준비	글쓰기
① 상황을 고려해서 메뉴 정하기	
- 오늘 저녁에 무엇을 먹을까?	
- 누구랑 먹을까? ← 그 사람은 어떤 음식을 좋아할까?	구상하기
- 나는 그가 먹고 싶은 음식을 요리할 수 있는가?	
- 집에는 그 음식에 필요한 재료가 있는가?	

② 임시로 정한 메뉴의 요리법과 식자재 유무를 확인하기
   (식자재를 보고 요리법이나 메뉴를 정할 수도 있다.)
 	
   – 오늘 먹을 저녁을 임시로 정한다.
   – 식자재(食資財)가 있는지 양은 얼마나 되는지를 재확인한다.
   – 필요한 경우 식자재를 시장에서 사 온다.
	자료찾기

③ 임시로 정한 메뉴에 따라 준비한 식자재를 손질하기
 	
   – 메뉴에 맞게 식자재를 준비한다.
   – 식자재를 요리에 맞게 손질한다.
	정리하기

④ 서녁 메뉴를 확정하기 – 그가 좋아하는 불고기와 미역국을 준비한다.	주제문 작성

⑤ 확정된 메뉴에 따라 요리의 순서 정하기
 	
   – 불고기 양념하여 재우기 → 밥 짓기 → 국 안치기 → 불고기 볶기 등
   또는 불고기 양념하여 재우기 → 국 안치기 → 밥 짓기 → 불고기 볶기 등
	개요 작성

⑥ 순서에 따라 요리하기	초고 작성
⑦ 요리한 음식의 간을 보면서 맛을 조절하기 – 요리의 간을 본 후 그 간의 정도에 따라 양념을 넣거나 물을 붓는다.	퇴고 작성
⑧ 간을 맞춘 음식을 보기 좋게 배열하기 – 간을 맞춘 음식을 식기에 담고 형식이나 내용에 맞게 밥상을 차린다.	편집

   차려진 밥상을 먹는 그 어느 누구도 이 밥상이 내 앞에 차려지기 전까지의 과정이 이렇게 복잡한 과정을 거쳤으리라고는 생각하지 못했을 것이다. 그런데 막상 이렇게 밥상이 차려지기 전까지의 과정을 구체화해 보면 그 과정은 단순하지 않다. 또한 그 밥상이 나오기까지 절대 시간이 있음도 알게 된다. 우리가 아무리 배가 고프기로 설익은 맨 쌀을 그대로 먹을 수 없기 때문이다.

   한 편(編)의 글을 쓰는 과정도 이와 마찬가지다. 글을 쓰는 과정에서도 여러 단계를 거치고 그 과정에서 여러 사항을 고려하게 된다. 그리고 우리는 이러한 과정에서 아무리 짧은 글을 쓰더라도 그 글을 쓰는 데에는 절대 시간이 필요하다는 것을 알게 된다.

그래서 우리는 글을 쓰는 데 있어 절대 시간을 확보하지 않으면 안 된다. 우리가 절대 시간을 확보하지 못하게 되면 시간에 쫓기게 되어 글쓰기 과정을 무시(無視)할 수밖에 없고, 그렇게 되면 아무리 좋은 글감을 선택하였다 하더라도 그 글감을 글로 잘 표현할 수 없기 때문이다.

글을 쓰는 데 있어 어떤 단계가 있는지에 대해서는 다음의 글쓰기 절차를 참고하기 바란다. 우리가 다음의 표와 같이 하나씩 하나씩 글쓰기 과정을 거치면서 글을 쓰려면 자신이 생각했던 것보다 꽤 많은 시간이 필요함을 알게 될 것이다. 그러므로 글쓰기와 관련하여 과제(課題)가 주어지면 그 과제를 미루지 말고 글쓰기 절차에 맞게 곧바로 행동(行動)에 옮겨야 한다. 그리고 자기 자신이 지금 글쓰기 절차상에서 어느 위치에 놓여 있는지를 늘 확인하여야 한다.

<aside>
글쓰기에는 절차가 있고 절대 시간이 필요하다.
</aside>

2.2. 글쓰기의 절차

글쓰기의 절차는 다음과 같이 두 가지로 나누어 생각할 수 있다. 아래 〈표 3〉과 〈표 4〉의 차이는 주제문을 중심으로 나눈 것이다. 글쓰기에서 주제문이 정해지면 무엇에 대해 써야 할지가 분명하기 때문에 그에 따른 자료를 찾고 그 자료를 정리하는 시간이 짧아진다. 그리고 그것을 토대로 하여 개요를 작성하기도 쉽다. 그런데 만약 주제문이 정해지지 않은 상태라면 개요를 작성하기란 쉽지 않다. 그리하여 이때는 주제문을 확정하기 위하여 다양한 자료를 찾아야 하고 그것들을 이때는 정리하는 단계를 먼저 거치게 된다. 즉 주제문을 작성하지 못한 상태라면 준비하는 시간이 훨씬 더 많이 걸릴 수 있음을 의미한다.

　평상시 자기 자신이 많이 알고 있고, 관심이 많았던 글감이라면 주제문을 바로 확정할 수 있다. 그리고 이와는 반대로 자기 자신에게 생소(生疏)한 글감이라면 주제문을 곧바로 확정할 수 없으므로 그것을 작성하기 전까지 그 글감에 대해 알아가는 과정이 필요하다. 이런 경우에는 절대 시간을 좀 더 확보해야 한다.

〈표 3〉 주제문을 바로 작성할 수 없는 경우의 절차

① 글 구상하기	⇨	② 자료 찾기	⇨	③ 자료 정리하기
				⇩
⑥ 초고 작성하기	⇦	⑤ 개요 작성하기	⇦	④ 주제문 작성하기
⇩				
⑦ 퇴고하기	⇨	⑧ 편집하기	⇨	⑨ 출력하기 ⇨ ⑩ 제출하기

〈표 4〉 주제문을 바로 작성할 수 있는 경우의 절차

① 글 구상하기	⇨	② 주제문 작성하기	⇨	③ 자료 찾기
				⇩
⑥ 초고 작성하기	⇦	⑤ 개요 작성하기	⇦	④ 자료 정리하기
⇩				
⑦ 퇴고하기	⇨	⑧ 편집하기	⇨	⑨ 출력하기 ⇨ ⑩ 제출하기

　〈표 3〉과 〈표 4〉를 통해 글쓰기 과정이 어떤 절차로 진행되는지를 살펴보았다. 다음에는 각 절차에서 무엇을 고려해야 하는지 살펴보도록 한다.

　글쓰기 절차는 여러 요인에 따라 달라질 수 있다. 또한 절차가 단선적으로 진행되지 않고 복선적으로 진행되는 경우가 많다.
　즉 글쓰기가 ① → ② → ③ → …… → ⑨ → ⑩ 으로만 진행되지 않고 '주제문 작성'이 끝난 뒤에도 '자료 찾기'와 '자료 정리하기'가 다시 진행될 수 있다. 또한 자기 자신이 잘 알고 있는 글감을 선택하여 '주제문 작성'이 가능하다고 하더라도 그것을 작성하는 중에도 '자료 찾기', '자료 정리하기'가 진행될 수도 있다. 또한 '개요 작성하기' 중에도 주제를 고칠 수 있다.

3. 글쓰기 단계별 점검 사항

글쓰기에는 단계별 절차가 있고 그 절차에 맞게 고려할 사항이 있다. 글쓰기 과정에서 각각의 절차에 맞는 점검 사항이 무엇인지를 살펴보도록 하자. 아래 내용은 일반적인 사항이다. 이 사항은 필자의 글쓰기 사정에 따라 달라질 수 있다.

〈표 5〉 글의 구상 단계 시 점검 사항

1. 글감에 대한 배경 지식이나 정보를 알고 있는지, 모르고 있는지를 점검한다.
   가. (글감에 대해 무엇인가를 알고 있으면) 글감에 대해 무엇을 쓸 것인지 생각을 정리하면서 메모한다.
   나. (글감에 대해 무엇인가를 잘 알지 못하면) 글감에 대해 자료를 찾아보고, 자료를 읽으면서 자료와 생각을 정리하고 메모한다.
2. 지식이나 정보를 정리하는 과정에서 주제를 정하는 것이 좋다.
3. 주제를 정할 때에는 그것을 하나의 문장으로 작성한다.

〈표 6〉 주제문 작성 단계 시 점검 사항

1. 주제문을 작성한 후 주제문과 관련하여 이미 작성한 메모를 검토한다.
   가. 주제와 관련되지 않은 메모는 삭제한다.
   나. 주제와 관련하여 부족한 내용이 있는지를 확인하고 만약 부족한 부분이 있다면 그것을 보충한다.

〈표 7〉 개요 작성 단계 시 점검 사항

1. 개요가 문장으로 작성되었는지 확인한다.
2. 개요의 흐름이 주제를 잘 드러내는지를 살펴본다.

가. 내용의 배열 순서를 살핀다.

나. 개요에서 내용 전개상 설명이 더 필요한 부분이 있는지 살펴본다.

다. 개요에 내용 전개상, 필요 이상의 설명이 들어가 있는지 살펴본다. 만약 그런 내용이 개요에 있다면 그 내용을 삭제한다.

3. 전체 내용을 몇 등분으로 구분하는 것이 좋을지 살펴본다.

　가. 도입과 결론을 어떻게 작성하는 것이 좋을지 살펴본다.

　나. 도입이 글의 목적, 글을 쓰게 된 동기나 계기 등을 통해 본문의 내용과 잘 이어지는지 살펴본다.

　다. 결론 부분을 통해서 본문의 주요 내용 즉 주제가 잘 정리되거나 잘 환기되는지 살펴본다.

〈표 8〉 초고 작성 단계 시 점검 사항

가. 개요대로 초고를 작성했는지 살펴본다.

나. (그렇지 않다면) 왜 다르게 쓴 것인지 생각해 보고 그 결과를 개요에 어떻게 반영할지를 고민한다.

〈표 9〉 퇴고 단계 시 점검 사항

1. 무엇보다 독자의 입장에서 초고를 살펴본다.
2. 주제가 잘 드러나는지를 살펴본다.
3. 교열과 교정

　가. 교열(校閱)

　　(1) 문단 중심 교열

　　　(가) 주제를 뒷받침하고 있는 근거들이 주제에 맞게 순서대로 배열되어 있는지를 살펴본다.

　　　(나) 문단이 잘 나뉘어져 있는지를 확인한다.

　　　(다) 삭제 할 문단이 있는지를 확인한다.

　　　(라) 보완해야 할 문단이 있는지를 확인한다.

(2) 문장 중심 교열

    (가) 주어와 서술어의 호응을 살펴본다.

    (나) 서술어를 중심으로 문장을 점검하되 그 문장의 필수 성분이 누락되어 있는지를 살펴본다.

    (다) 명사, 수사, 대명사와 같은 체언에 꼭 필요로 하는 관형어가 빠지지는 않았는지를 살펴본다.

    (라) 서술어와 주로 호응하는 어휘의 선택은 잘했는지를 살펴본다.

    (마) 수식의 관계는 모호함이 없는지를 살펴본다.

나. 교정(校訂)

    (1) 한글 맞춤법(띄어쓰기 등)에 맞게 썼는지 오탈자(誤脫字) 등은 없는지 살펴본다.

〈표 10〉 편집 단계 시 점검 사항

> **대학 보고서의 형식**
> 표지: 제목
> ↓
> 목차: 보고서의 순서
> ↓
> 보고서 내용: 서론 – 본론 – 결론
> ↓
> 참고 자료: 사용한 책, 논문, 뉴스 정리

1. 쪽 번호는 순서대로 매겨 있는지를 살펴본다.

    가. 쪽 번호가 잘 매겨 있는지를 살펴본다.

    나. 목차가 있을 경우 제목과 쪽 번호가 잘 매겨 있는지 확인한다.

2. 문단이 여러 페이지에 걸쳐 있는지를 살펴본다.

    가. 제목과 본문 사이에 페이지가 나뉘지 않아야 한다. 그렇지 않은 것이 있는지를 살펴본다.

    나. 표가 두 페이지에 걸쳐 있는 것은 보기에 좋지 않다. 그렇게 되어 있는지를 살펴본다.

3. 제목, 소제목, 본문, 예 등의 글자 크기가 일관성과 체제를 유지하고 있는지를 살펴본다.

4. 참고 자료가 모두 정리되어 있는지 확인한다.

〈표 11〉 출력 단계 시 점검 사항

1. 겉표지에 들어갈 내용이 잘 담겨 있는지를 살펴본다.

    ※ 내용: 보고서 제목, 과목, 담당 교수, 학과, 학번, 제출자, 제출일 등

1. 과제 제출 기한을 확인하고 반드시 제출 기한 내 보고서를 제출한다.

2. 보고서를 종이로 출력해서 제출하는지, 대학교 홈페이지에 보고서 파일을 첨부하는지 등의 보고서 제출 방식을 확인하여 제출한다.

〈보고서 겉표지의 예〉

나의 착한 아버지

과목	의사소통3
교수	김희경 교수님
학과	건축학과
학번	2014318359
이름	오달봉
제출일	2014. 9. 23.

가. 이번 방학에 여행을 간다고 가정하고 친구와 여행 계획을 세워
봅시다. 그리고 그것을 글쓰기의 절차에 맞게 적용하여 작성해
봅시다.

절차	여행 계획 내용
글 구상 하기	○ 여행에 대해 구상하기 ■ 어디 갈까? 대만/홍콩/스위스? ■ 여행을 왜 갈까?/그곳에 가서 무엇을 할까?/왜 거기일까? 　☞ 장소의 선택은 글의 주제/내용과 관련이 있어야 함. － 홍대 입구(클럽, 패션, 예술대학) ☞ 한국 신세대 문화에 맞음. － 부산－동래 온천(목욕－우정 쌓기) ☞ 한국 정서에 맞음. － 제주도(한라산, 성산 일출봉, 고산지 식물 구경(땀, 정상 정복), 푸른 바다 　(옥색, 비취색 － 상쾌함) 등) ☞ 힐링에 맞음. － 대만: 채식주의자 친구를 찾아 채식 체험하기 cf. 부산－해운대/강릉－바다 구경(×) ☞ 식상한 주제임. cf. 베이징에서 김밥 먹기(×) ☞ 관련성 없음. ■ 언제 가서 얼마 동안 있을까? ■ 누구와 함께 갈까? ■ 비용은 얼마나 들까?
자료 찾기	○ 위의 질문과 관련하여 도서관, 인터넷 등에서 자료 찾아보기. 　☞ 이것 역시 글의 주제와 관련이 있어야 함. ■ 대만의 추천 일정에는 어떤 것들이 있을까? ■ 대만의 숙박 시설의 종류와 이용료는 얼마일까? 　☞ 타이완 관광청 서울사무소 사이트(www.tourtaiwan.co.kr), 　　여행사 사이트, 개인 여행 블로그 등 참조. 　☞ 『타이베이』, 『프렌즈 타이완』, 『꽃보다 타이베이』 등 참조.

정리
하기
	○ 찾은 자료를 일목요연(一目瞭然)하게 정리하기
	  – 여행지: 대만(타이베이)
	  – 여행지에서 할 일: ☞ 이것 역시 글의 주제와 관련 있어야 함.
	    ① 관광: 101전망, 위병교대식, 야시장, 고궁박물관
	    ② 음식: 샤오롱바오, 펑리수, 밀크티, 망고 빙수, 광부 도시락
	  – 여행 기간: 3박 4일
	  – 교통편: 본국 ↔ 대만, 대만 내 교통편
	    ☞ 동선(動線) 확인, 이는 나중에 여행기를 쓸 때 글의 전개 과
	      정과 관련 있음.
	  – 날씨, 준비물, 경비 등을 정리해 볼 것.
	○ 여행기 작성 시 어떤 표현을 써야 할지 정리하기 ☞ 기존의 여
	  행기를 찾아 읽고 여러가지 표현 방식을 메모함.

제목/
주제문
작성
하기
	○ 정리한 내용에서 핵심 내용 찾기
	  ☞ 관광, 쇼핑 등으로 주제를 정하면 글이 진부해질 수 있음.
	  ☞ 글의 구상 단계에서 왜 여행을 가는지와 관련이 있음.

개요
작성
하기
	○ 중요한 내용을 순서대로 정리하기
	  ① 시간의 흐름대로 작성할까?
	  ② 느낌을 분류해서 그것들을 특성별로 구분하여 작성할까?
	  ③ 여행 중 사건을 중심으로 작성할까?

초고 작성 하기	……
퇴고 하기	……

> 여행 목적과 그에 맞는 여행지가 정해지면 동선을 정한다. 이것을 그대로 여행기에 반영할지를 생각해 보사.

나. '가'의 내용을 바탕으로 '여행 계획'에 대해 작성해 봅시다.

1. '아는 만큼 보인다'는 말이 있다. 여행하기에 앞서 해당 여행지와 관련한 지명, 인명, 문화재명, 음식명, 그것들의 유래 등에 대해 알고 있으면 그 여행지를 둘러볼 때에도, 그 여행지를 다녀온 다음에도, 그리고 그것을 글로 표현할 때에도 그것들을 쉽게 사용할 수 있다.

2. 우리가 쓰고자 하는 여행기와 유사한 다른 여행기를 읽어 보자. 어떤 방식으로 글을 전개하는지, 어떤 표현으로 필자의 생각을 독자에게 전달하는지 살펴보자.

3. 여행 시 사진을 많이 찍자. 주제를 중심으로 사진을 찍고 그 사진을 중심으로 실제 현장의 생생한 감동을 배치해 보자.

4. 여행지에서 느낀 점, 기억하고 싶은 사항이나 사건이 있으면 그때그때 메모하자.

6. 여행기 작성 후 점검 사항
   - 여행기가 구체적인가?
   - 여행기가 재미있는가?
   - 여행기의 주제가 강하게 나타나는가?
   - 독자들이 이 여행기를 읽고 그곳을 가고 싶어하겠는가?

여행의 목적이 분명해질수록 여행기의 주제가 분명해진다.

가. 가장 기억에 남는 여행에 대하여 '가'에서 진행한 순서대로 정리해 봅시다.

절차	여행 내용
글 구상하기	○ 여행의 마인드맵 그려 보기
자료 찾기	○ 여행지에서 찍은 사진이나 사온 물건, 적은 메모 등을 찾아보기
정리하기	○ 찾은 사진을 관련 에피소드와 함께 정리하기
제목/ 주제문 작성하기	○ 정리한 내용에서 핵심 내용 찾기
개요 작성하기	○ 중요한 내용을 순서대로 정리하기
초고 작성하기	○ (뒷면에 작성)
퇴고 하기	

※ 나는 그 여행지를 왜 가게 되었는지 그리고 그곳을 다녀와서 어떤 느낌이 계속해서 나에게 남아 있는지 생각해 보자.

나. 앞의 내용을 참고하여 여행기를 작성해 봅시다.

※ 제목을 여행기의 주제에 맞게 참신하게 지었는지 살펴보자.

제2과

———

글 구상 시 고려 사항

선생님: 자, 오늘은 여러분들이 글쓰기 소재를 직접 정해서 글을 써 보도록 할 예정입니다. 여러분들은 각자 뭘 쓸지 생각해 보세요. 여기, 맨 앞에 있는 이 군, 자네는 뭘 쓸 것인가?

학생: 네, 저는 독도에 대해서 쓰고 싶습니다.

선생님: 왜?

학생: 네, 저는 독도가 우리 땅이라고 생각합니다.

선생님: 그래서?

학생: 독도가 우리 땅인데도 우리 국민들은 그것에 대해 별로 관심이 없는 것 같습니다. 그래서 이 기회에 우리 국민들이 독도에 대해 관심을 갖도록 제가 글을 써 보고 싶습니다.

선생님: 글의 의도가 분명해서 좋군. 그래, 그럼 자네는 뭐라고 쓸 건가? 글을 쓰기 전에 자네의 생각을 정리할 겸 해서, 이 자리에서 간단하게나마 여러 학생들 앞에서 자네가 쓸 내용에 대해 한번 말해 보게.

학생: 네???

선생님: 자네는 다른 사람에 비해 독도에 대해 관심이 많지 않은가. 그러니까 그것을 알기 쉽게 여기 학생들에게 한번 말해 보게나.

학생: 네. 독도는 울릉도 동남쪽 뱃길 따라 200리 …….

선생님: 그리고 또?

학생: 외로운 섬 하나, 새들의 고향 …….

선생님: 뭐라고? 새들의 고향? 자네 지금 독도에 대해서 알고 쓴다는 것인가 모르고 쓴다는 것인가???

생각해 보기

- 이 학생은 '독도'에 대해 설명할 때 왜 어려움을 느끼는가?
- 글을 쓰기 전에 우리가 해야 할 일이 무엇인가?
- 글감의 범위를 좁히는 것이 왜 중요한가?

1. 글감에 대한 배경 지식의 유무

글을 쓰는 데 있어 글을 쓰는 사람 즉 필자(筆者)가 고려해야 할 중요한 요소가 있다. 그것은 첫째, 글감에 대한 배경 지식이 있는가이다. 글을 쓰는 데 있어 그 대상에 대해 잘 아는 것이 무엇보다 중요하기 때문이다. 예를 들어 학생들에게 중국과 일본의 영토 분쟁 지역인 '댜오위다오 및 부속 도서(釣魚島及其附属島嶼)' 또는 '댜오위타이 열서(釣魚臺列嶼)' 또는 '센카쿠 열도(尖閣列島)'를 글감으로 삼아 글을 써 보라고 과제를 제시하면 대부분의 중국인 학생과 일본인 학생은 이에 대해 매우 감정적으로 대응한다. 중국과 일본 학생들은 금방이라도 그 영토가 자기 국가의 영토임을 주장하려고 펜을 들고 무엇인가를 쓰려고 노력할 것이다. 그런데 그 학생들이 막상 글을 쓰기 시작하면 그 글감에 대해서 그 영토가 자기네 영토라는 것 외에 어떤 내용도 쓰기가 쉽지 않다는 것을 알게 된다. 왜냐하면 중국 학생들은 '댜오위다오 및 부속 도서' 또는 '댜오위타이 열서'에 대해 자세하게 아는 바가 없고, 일본 학생들 역시 '센카쿠 열도'에 대해 구체적으로 아는 바가 없기 때문이다. 중국과 일본 학생이 아닌 다른 국적의, 예를 들면 베트남, 몽골 등의 학생들은 그 지역이 어디에 있는지조차도 알지 못하는 경우가 많으므로 중국이나 일본 학생보다 이 글감으로는 글을 쓰기란 더욱 어려울 수밖에 없다.

우리가 글을 쓸 때 첫 번째로 점검해야 할 사항은 어떤 글감에 대해 '나는 그것에 대해 글을 쓸 수 있을 정도로 지식을 충분히 가지고 있는가'를 점검하는 것이다. 내가 쓰고자 하는 바에 대해 잘 알고 있으면 그에 대해 글을 쓰는 것이 어렵지 않겠지만 그것에 대해 잘 알고 있지 못한다면, 그것에 대해 글을 쓰기란 어려운 문제가 된다. 그러므로 새롭게 글을 써야 할 경우 자기가 잘 아는 글감을 선정한 다음, 다시 그 글감의 범위를 좁혀 그것을 글로 쓰는 것이 바람직하다.

그리고 우리가 글 쓸 대상에 대해서 잘 알고 있지 못하다고 판단하면 우선적으로 그 글감에 대한 배경 지식을 쌓아야 한다. 그렇게 하기 위해서 자료를 찾아보고 그것을 읽고 생각을 정리해야 한다.

2. 글감의 범위

우리가 글을 쓸 때 두 번째로 고려해야 할 사항은 글감의 범위를 좁혀야 한다는 점이다. 글감의 범위를 좁히는 것은 필자 자신이 글을 쓸 때에도 독자를 고려할 때에도 중요한 부분이다. 예를 들어 우리 주변에는 취업용 자기소개서를 쓰기 어렵다고 하소연하는 취업 준비생이 많다. 취업 준비생이 자기소개서를 쓰기가 어렵다고 하는 여러 원인 중 하나는 취업에 대한 열망으로 자기 자신이 갖고 있는 모든 장점을 자기소개서에 모두 표현하고 싶어 하는 욕구 때문일 것이다.

문제는 '우리가 갖고 있는 모든 장점을 몇 장의 지면(紙面)에 다 보여줄 수 있는가?'이다. 그리고 '우리가 갖고 있는 모든 장점을 취직하려는 직장의 인사 담당자(人事擔當者)에게 보여줄 필요가 있는가' 하는 점이다.

우리가 자기소개서를 작성하는 데 있어 시간을 충분히 확보하고 있다고 하여도, 그리고 자기소개서에 지면의 제한이 없다고 하여도 우리는 우리의 모든 장점을 자기소개서에 보여줄 수 없다. 또한 그 장점 모두를 굳이 남에게 다 보여줄 필요도 없다. 자기 자신이 갖고 있는 장점을 모두 나열하다 보면 끝이 없기 때문이며 그러한 장점들이 인사 담당자의 입장에서 볼 때 그 모두가 다 중요하다고 생각하지 않을 수도 있기 때문이다.

〈표 13〉 자기소개서를 쓸 때 글감을 좁히는 과정

자기소개서 쓰기 전 점검 사항

① 자신의 장점을 나열해 보고 그것을 분류해 보자.

② 자신이 잘하는 일을 나열해 보고 그것을 분류해 보자.

③ 자신이 분류한 장점이나 특기들이 어떤 일을 하는 데 도움이 될지 생각해 보자.

④ 내 장점과 특기들이 내가 하고 싶어 하는 일과 잘 부합되는지 생각해 보자.

⑤ 그것들이 서로 부합되지 않는다면 자신의 장점이나 특기에 맞는 일을 새로이 찾을 것인지, 아니면 내가 하고 싶은 일에 나에게 어울리거나 맞는 장점을 새로이 개발할 것인지를 생각해 보자.

⑥ 자신의 장점, 특기들이 자신이 하고 싶어 하는 일과 잘 부합되는 경우, 자신의 장점과 특기들을 잘 보여줄 수 있는 과거의 경험들을 나열해 보자.

⑦ 이들 중 독자의 시각으로 이 내용을 살펴보았을 때 장점, 특기 등이 잘 드러나는 경험이 어느 것인지 골라보자.

> 글감과 관련하여 지식이나 정보가 많다고 생각될 때에는 글감의 범위를 좁히되 독자의 입장을 고려해야 한다.

> 교수: 졸업 후에 어떤 일을 하고 싶어?
> 학생: 삼성에 들어가서 일하고 싶습니다.
> 교수: 무슨 일을 하든 무조건 삼성에 들어가기만 하면 돼?

학생들에게 대학을 졸업한 후에 무슨 일을 하고 싶은지에 대해 물어보면, 학생들은 특정 회사를 거론하는 것으로 답변을 대신하는 경우가 많다. 그러면 그 회사에서 창고지기, 경비가 되거나 우편물 수발(受發) 등의 업무를 맡아도 좋은지 되묻게 된다. 학생들이 어떤 특정한 회사를 장래의 직장으로 염두에 두는 것은 중요하다. 그렇지만 회사에 관계없이 구체적으로 어떤 일을 맡아 그 일을 추진하고 싶은지를 정하는 것이 더 중요하다는 것을 명심해야 한다. 그렇게 하려면 자신이 하고 싶은 업무가 무엇인지 정해야 하고 그 업무의 특성이 무엇인지 알고 있어야 한다. 그렇게 해야만 우리가 그 업무에 적합한 적성, 지식, 자격증(또는 면허증) 등을 어떻게 준비할지가 분명해지기 때문이다.

　지금까지 우리가 글을 쓰는 데 있어 우선적으로 고려해야 할 사항에 대해 언급하였다. 무엇보다 우리가 글을 쓸 대상에 대해 잘 아는 것이 중요하다. 그러므로 필자가 글의 주제를 선택할 수 있는 경우라면 필자가 잘 아는 것이 무엇인지 판단해서 선택해야 하고 그것을 글로 쓰는 것이 가장 좋다. 그런데 만약 글감이 타인에 의해 제시되고 이에 대해 우리가 잘 알면 그것에 대해 어려움 없이 글을 쓸 수 있겠지만 그것에 대해 잘 알지 못한다고 판단되면 우리는 가급적 빨리 그 글감에 대한 정보를 찾아야 한다. 마지막으로, 글을 쓰는 데 있어 글감의 범위를 좁히는 것이 중요하다. 필자는 지면상, 시간상 제약 때문에 필자가 알고 있는 모든 것을 글로 쓸 수도 없고 설령 그러한 제약이 없어 그런 것들을 다 글로 쓴다고 하더라도 독자가 그런 것들에 대해 모두 관심을 갖는 것이 아니므로 그것을 굳이 모두 쓸 필요가 없다.

가. 자신의 과거, 현재, 미래의 모습에 대해서 생각해 보고 다음 표에 정리해 봅시다.

나는 누구인가?	(과거) 지금까지 진행한 것	
	(현재) 지금 진행하고 있는 것	
	(미래) 진행하고 싶은 것	
	성격	
	꿈	

※ 위의 표를 작성한 후에 위의 내용이 한두 개의 주제로 좁혀지는지를 살펴보아야 한다.

나. 위의 내용들을 토대로 자기소개서에 필요한 내용으로 정리하여 봅시다.

과거	인성	– 성장 과정	
		– 학창 시절	
		– 교내외 활동	
현재	능력	– 경력	
		– 성공과 실패의 경험	
미래	가치관, 직업관	– 지원 동기	
		– 입사 후 포부	

※ 위의 내용이 한두 개의 주제로 좁혀지는지를 살펴보아야 한다.

○. 자신의 성격의 장점과 단점을 써 봅시다. 그리고 단점을 극복하는 방법에 대해 사례를 넣어 작성해 봅시다.

장점 및 구체적인 사례	
단점 및 단점을 극복했던 방법의 사례	

※ 위의 표를 작성한 후에 위의 내용이 한두 개의 주제로 좁혀지는지를 살펴보아야 한다.

제3과

글의 주제와 주제의 참신성

선생님: 자기소개서 써 왔나? 뭐라고 썼나?

학생: 네, 저는 매우 성실하고, 내성적인 성격을 지닌 학생이라고 썼습니다.

선생님: 자네는 여기에 있는 학생들 중 스스로를 성실하지 않다고 생각하는 사람이 있을 것 같은가? 또 여기 학생들 중에 자기 자신을 외향적이라고 생각하는 학생이 몇이나 될 것 같은가? 대부분의 학생들이 자기는 성실하고, 내성적인 성격을 지닌 학생이라고 생각할 게 뻔한데, 자네를 소개하는 그런 글에 그렇게 쓰면 다른 사람들이 자네의 글에 관심이나 둘 것 같은가?

학생: 그럼 뭐라고 써야 합니까?

선생님: 그걸 왜 나한테 묻나? 내가 자넨가? 자네가 자기소개서를 쓰기 전에 자네의 여러 성질을 생각해 보고 그중에서 좀 유별하다고 생각하는 것을 골랐어야지. 그렇게 하지 않고 여태 뭐 했나?

학생: 그러고 보니 저는 다른 친구들보다 상대방의 말에 반응을 좀 더 적극적으로 보이는 사람인 것 같습니다.

선생님: 그래? 왜 그렇게 생각하나?

학생: 제가 상대방의 말을 좀 적극적으로 듣는 편이고, 상대방 말에 반응을 적극적으로 보이니까 저와 친하지 않은 친구들까지도 저한테 억울한 일을 하소연하기도 하고, 고민도 많이 털어놓는 것 같습니다.

선생님: 그래 맞아. 바로 그런 것들. 나에게서 남들한테 없는 어떤 것을 찾는 것이 중요하고 그것을 독자들에게 이해하기 쉽게, 그것에 맞는 예들을 함께 자기소개서에 제시하는 것이 좋지. 그래야 독자들이 자네의 말에 귀가 솔깃해지지 않겠나!

학생: 네, 그런 것들이 또 있는지 생각해 보고 그것들 중 어떤 것을 제시할지도 고민해 보겠습니다.

생각해 보기

• 글의 주제란 무엇인가?

• 글의 주제를 구체적으로 잡는 이유는 무엇인가?

• 참신한 주제와 진부한 주제의 차이가 무엇인가?

1. 글감, 주제

글을 쓸 때 글의 주제(主題)를 정하는 일은 중요하다. 필자가 독자에게 글감에 대해 어떤 핵심적인 내용을 전달할 것인가를 정하는 것이 바로 글의 주제를 정하는 일이다. 독자 입장에서 보면 글의 주제는 독자가 글을 읽고 난 후에 떠오르는 또는 인식하는 주요한 글의 느낌이나 생각이라 할 수 있다.

필자인 우리는 어떤 느낌을 남에게 드러내고자 하거나 새로운 정보를 제공하고자 할 때, 또한 어떤 견해(見解)를 피력(披瀝)하거나 어떤 주장을 관철(貫徹)하고자 할 때 글을 쓴다. 이때 이 글의 주제를 정하는 것이 글의 성패를 좌우하는 첫 단추가 된다는 점을 알아야 한다.

그런데 많은 학생들이 주제를 소재(素材) 또는 글감과 혼동한다. 글감이란 글의 내용이 되는 재료이다. 이에 반해 주제란 필자가 나타내고자 하는 중요한 생각, 의견, 사상 등을 말한다. 필자인 학생에게 쓰려고 하는 주제가 무엇인가를 물으면 학생들은 그 질문에 대하여 명사(名詞)나 명사구(名詞句)로 답하는 경우가 많다. 예를 들면 학생들은 '부모'에 대해서 쓰겠다, '한류'에 대해서 쓰겠다, 또는 '싱크홀'에 대해서 쓰겠다고 대답한다. 이때 '부모, 한류, 싱크홀' 등은 주제라 말하기 어렵다. 이들은 주제를 드러내는 데 필요한 소재 즉 글감일 뿐이다. 글의 주제를 명사나 명사구 단위로 독자에게 제시하면 독자는 그것으로 필자가 무슨 생각을 어떻게 하는지 알 수 없기 때문에 그것을 주제라 할 수 없다.

사실 '한류'를 주제라고 말한 학생은 '한류가 한국의 수출에 미치는 영향이 어느 정도인가'를 독자들에게 보여주고 싶었을지도 모른다. 그런데 독자가 '한류'라는 단어에서 'K-pop', '드라마', '영화' 등을 떠올린다면 필자의 생각을 엉뚱하게 짚은 꼴이 된다. 이렇게 필자가 명사나 명사구로 주제를 제시하는 것은 독자가 이를 필자의 의도

독자가 어떤 글을 읽거나 어떤 문단을 읽으면서 아무 느낌도 받지 못했다면 그 글은 주제가 잘 드러난 글이라 할 수 없다.

주제가 잘 드러난 글이 좋은 글이라 할 수 있다.

예를 들어 필자가 '한류'에 대해서 글을 쓰겠다고 한다면 독자가 떠올릴 수 있는 것이 무엇일까? 그 단어를 듣거나 접한 독자 중 어떤 사람은 '한류'와 관련하여 꽤 많은 개별적인 이미지들, 예를 들면 드라마, 영화, K-POP, 한복(韓服), 한식(韓食), 관광 등등을 머릿속에서 떠올릴 것이고, 또 어떤 독자들은 앞에서 말한 것과는 전혀 다른 '혐한'(嫌韓)을 떠올릴 수도 있을 것이다.

와는 다른 생각으로 이해하게 만든다는 점에서 바람직하지 않다.

필자가 독자에게 전달하려는 주장, 정보, 감정 등이 맞든 틀리든 좋든 나쁘든 간에, 독자에게 필자의 생각이 그대로 전달되는 것이 좋은 주제라 할 수 있다. 이렇게 하기 위해서 필자는 독자에게 전달하고자 하는 바를 구체적으로 제시해야 한다. 그리고 이를 위해서는 필자의 생각이 글에 구체적으로 담길 수 있도록 주제를 하나의 문장으로 작성해 놓고 글을 쓰는 것이 좋다.

앞에서 언급한 바와 같이 글쓰기에서 주제는 주제문으로 제시하는 것이 좋다. '주제문(主題文)'이란 단어에서 알 수 있듯이 주제는 하나의 문장으로 표현해야 필자가 독자에게 전달하고자 하는 내용이 그대로 전달될 뿐 아니라 필자가 글을 쓸 때에도 그 과정이 수월해진다.

> 주제를 소재(또는 글감)와 혼동하지 말자.

2. 주제를 잡기 위한 글감의 구체화 과정

주제문 작성은 제4과에서 공부하고 여기에서는 주제를 잡기 위한 글감의 구체화 과정에 대해 살펴보자.

문장에는 아래의 예에서와 같이 반드시 주어와 서술어가 포함되어야 한다. 이렇게 주제를 하나의 문장으로 나타내는 것은 필자가 말하고자 하는 바를 최대한 구체화하기 위함이다.

> 주제는 주어와 서술어가 포함된 주제문으로 구체적으로 작성하자.

> '우리 아빠는 가정적인 분이다.'
> '한류가 중국 드라마 제작에 미치는 영향은 크다.'
> '(우리는) 싱크홀이 발생하는 원인을 밝혀 이를 예방해야 한다.'

문장을 작성하다 보면 우리의 머릿속에 있는 무엇을 문장으로 정확하게 표현하지 못하는 경우가 많다. 그런 경우에는 어떻게든 생각을 글로 표현한 다음 그 표현에 주어와 서술어가 있는지를 우선적으로 살펴보아야 한다. 그러고 난 다음 서술어를 중심으로 어떤 정보가 꼭 필요한가, 필요하지 않은가를 살펴보면서 필요하다고 생각하는 정보가 누락되어 있는지를 살펴보고 필요한 정보를 적절한 자리에 하나씩 채워 넣으면 된다.

어떤 문장이, 서술어가 요구하는 주어, 목적어, 보어, 부사어 등에 대한 정보를 제대로 갖출 때 그 문장은 문법적으로 올바른 문장이며 구체적인 문장이 될 가능성이 높다. 그렇지만 그렇지 못한 문장은 비문법적인 문장이거나 문법적인 문장이라고 하더라도 정보의 누락으로 독자가 이해하기 어려운 문장이 된다.

> 아빠: 얘야, 아빠 책 좀 넣어줘.
> 아들: 네? 어디에요?
> 아빠: 아빠의 서류 가방에.
> 아들: 아빠의 어떤 책을요? 책이 참 많은데요.
> 아빠: 아 맞다. 아빠 책상 위에 있는 '한국학 입문'이란 책.
> 아들: 네, 아빠.

위의 대화에서 아빠가 아들에게 처음부터 아래와 같이 말했다면 아들은 아빠를 돕는 데 있어 별 어려움이 없었을 것이다. 그리고 사실 아빠는 위에서와 같이 어떤 정보를 누락시켜서 아들에게 무엇인가를 말했지만 그의 머릿속에는 아래와 같은 생각을 갖고 있었음에 틀림없다.

> 아빠: 얘야, 미안한데, 아빠 책상 위에 놓여 있는 '한국학 입문'이란 책을 아빠의 서류 가방에 넣어줄래!

한국어에서 '넣다'라는 서술어는 '누가', '무엇을', '어디에'라는 정

한국어의 단어를 학습할 때 특히 그 단어가 동사인 경우라면 그 동사가 어떤 정보를 요구하는지를 알아야 한다. 한국인들은 대화를 통해서 또 한국어로 된 글을 통해서 동사가 요구하는 정보를 자연스럽게 학습하지만 외국인 학습자는 이런 방식으로 학습할 기회가 없거나 시간이 적으므로 이를 인위적(人爲的)으로나마, 외우다시피 하여 동사가 요구하는 정보를 인지해야 한다.

주제문에 자기 자신이 표현하고자 하는 내용이 포함되어 있는지 살펴봐야 한다.

보를 요구하는데 이 중 어느 하나라도 누락하면 올바른 문장이라고 할 수 없다. 우리는 그것을 비문(非文) 즉 비문법적인 문장이라고 한다. 여기서 강조하는 것은 우리가 위에서 말한 바와 같이 비문으로 문장을 쓰게 되면 독자는 그 문장을 이해하는 데 어려움을 겪게 된다는 점이다.

어떤 표현이 문법적으로 타당하다고 하더라도 독자의 입장에서 그 표현을 바라볼 때 그 표현이 구체적이지 않은 경우가 상당히 많다. 다음의 글감이 어떻게 구체화되어 가는지 살펴보자.

〈표 14〉 글감의 구체화 과정

글을 쓰기 전에 구체적으로 세세하게 무엇인가를 생각하면 글을 쓰는 과정이 좀 더 수월해진다. 이와는 반대로, 글을 쓰기 전에 간략하게 또는 피상적으로 무엇인가를 생각하게 되면 글을 쓰는 과정에서 이를 구체화해야 하는 것이므로 글을 쓰는 시간이 길어지고 몸도 힘들어진다. 그러므로 우리는 가급적이면 초고를 쓰기 전에 무엇을 어떻게 쓸지에 대한 생각에 시간을 많이 할애해야 한다.

① 학자의 연구
문제점 '연구'가 무슨 연구인지에 대해 독자에게 어떤 정보도 제공하지 않았다.

② 학자의 박테리아 연구
문제점 '학자'가 어떤 학자인지 알 수 없다.

③ 생물학자의 박테리아 연구
문제점 위의 명사구와 같이 표현하면 '박테리아'가 학자의 '박테리아'인지 아니면 어떤 생물체의 '박테리아'인지 독자들은 판단할 수 없다.

④ 국내 생물학자의 동물 박테리아 연구
문제점 '동물'의 범위가 넓다. 모든 동물에 공통으로 존재하는 박테리아인지 개별 동물에 존재하는 박테리아인지 독자는 분명하게 알 수 없다.

⑤ 국내 생물학자의 돼지 박테리아에 대한 연구

위 ①의 '학자의 연구'와 ⑤의 '국내 생물학자의 돼지 박테리아에 대한 연구'를 비교해 볼 때 ①은 그 의미가 피상적인 반면 ⑤는 그 의미가 구체적임을 알 수 있다.

필자가 〈표 14〉의 ①과 같이 글감을 정하고 글을 쓰는 경우에, 글을 쓰는 과정에 무엇을 어떻게 써야 할지 글의 방향을 잡지 못할 것이다. 그리고 결과적으로는 그 글의 주제를 잡는 과정에서 후자의 글감으로 자연스레 한정될 것이다. 그러므로 처음부터 〈표 14〉의 ⑤와 같이 글감을 정해 놓고 글을 쓰도록 하자.

3. 주제의 참신성

주제는 가급적 참신해야 한다. 예를 들어 자기소개서를 쓰는데 '나는 학창 시절에 매우 성실, 근면 했다.'를 글 전체의 주제로 삼거나 한 문단의 주제로 삼게 되면 이 주제는 참신하지 못한 것이 된다. 왜냐하면 대부분의 사람들이 자기가 '성실하고 근면하다'고 주장할 수 있기 때문이다. 이러한 주제로 글을 쓰면 독자 입장에서는 '또 그 얘기야!' 하면서 그 글에 고개를 돌리고 만다. 독자들이 외면하는 내용의 글을 우리가 굳이 시간을 들여 애쓰면서 쓸 필요가 있을까?

글의 주제가 참신하지 않으면 그것을 글로 쓸 필요가 없는가? 꼭 그렇지는 않다. 예를 들면 자기소개서와 같은 글에서는 자신의 근면성을 보여줘야 할 필요가 분명 있다. 이런 경우에는 글 속에서 드러내고자 하는 주제의 범위를 좀 더 좁혀 제시하거나, 독자가 글을 읽으면서 이러한 주제를 무의식적으로 인식할 수 있도록 간접적으로 그 주제를 표현하는 것이 좋다. 일례로, 자기가 성실하다고 직설적으로 표현하기보다는 '매주 주말에 종교나 봉사 활동에 참여하면서 결코 이 활동에서 빠진 적이 없거나 1분이라도 지각한 적이 없다.'고 표현한다거나, '10년간 매주 일요일 아침마다 아버지와 함께 집안의 화초에 물을 주었다.' 등과 같이 근면하고 성실함을 드러낼 수 있는 구체적인 활동을 통해 표현한다. 이렇게 표현하게 되면 독자는 필자가 어떤 일을 할 때에 매우 근면하고 성실하다는 생각을 갖게 된

> 진부한 내용은 독자가 글을 읽고 이해하는 데 있어 거부감을 줄 수 있는 요소이므로 이런 요소들을 글쓰기 과정에서 찾아서 그 부분을 삭제하거나 기술적으로 반영하는 것이 좋다.

다. 수영이나 어떤 운동을 또는 어떤 악기를 10년 정도의 장시간 동안 배우고 익혔다거나, 한두 개의 외국어를 능통하게 잘한다고 하는 표현들도 일반적으로 독자에게 필자가 어떤 특기가 있음을 보여줌과 동시에 필자의 근면성을 독자가 인식하게 만든다. 진부한 내용을 꼭 글에 제시해야 하는 경우라면 이를 독자가 이해할 수 있도록 하되 완곡하게 표현하도록 하자.

가. 다음 메모장을 작성하면서 자신이 원하는 업무 영역에 대해 구체화해 봅시다.

〈표 15〉 자기소개서를 작성하기 위한 메모장

㉠ 자기가 하고 싶은 일 (회사의 부서 또는 구체적인 직업을 쓸 것)	→
㉡ 그 일에 꼭 필요한 업무 능력에 대해서 구체적으로 쓸 것.	→
㉢ 그 일에 필요한 업무 능력이 나에게 있으면 그와 관련한 실제 사례(事例)를 쓸 것. (그 일에 필요한 업무 능력이 없다면 그것을 어떻게 기를 것인지 쓸 것.)	→
㉣ 그 일을 하는 데에 필요한 자질(資質) 및 성격에 대해서 구체적으로 쓸 것.	→
㉤ ㉣과 관련되는 자기 자신의 사례를 구체적으로 제시할 것.	→
㉥ 그 업무와 관련된 어떤 취미가 있다면 그것이 어떤 것인지에 대해서 쓸 것.	→
㉦ 본인에게 어떤 취미나 특기가 있다면 그것이 이 업무와 어떤 관련이 되는지 쓸 것.	→

① 업무 영역을 구체적으로 정해야 한다.
② 업무 영역에서 절대적으로 필요한 능력, 자질, 성격에 어떤 것들이 있는지 알아야 한다.
③ 성장 배경, 장점 등 항목들도 모두 여기에 맞춰 자기소개서를 써야 글의 주제가 살아난다.

나. '가'의 메모장을 활용하여 자기소개서를 작성해 봅시다.

다. 중국인 학생이 자기소개서를 쓰기 위해 작성한 항목입니다. (1)은 중국어로 작성한 것이고 (2)는 (1)을 한국어로 번역한 것입니다. (2)를 한국에서 제시하는 자기소개서의 항목과 비교한 후, 우리가 앞으로 자기소개서를 쓸 때 무엇을 어떻게 제시하는 것이 좋을지 말해 봅시다.

중국의 자기소개서는 한국에서 자기소개서를 작성할 때의 항목과 비슷한 듯하지만 같지는 않다. 항목도 그렇고 그 순서도 그렇다. 한국의 것이 좋은지 중국의 것이 좋은지 단언할 수 없지만 중요한 것은 이 글을 쓸 때의 발상 자체가 중국과 한국이 다르다는 것이다. 그러므로 그것을 어느 쪽에서 어느 쪽으로 바꾸는 것 자체가 번거로운 일에는 틀림없어 보인다. 이런 경우에는 차라리 글쓰기 구상 초기부터 자기소개서를 한국어로 생각하고 한국어로 메모하도록 하자.

---

(1) 自我介绍

1. 自己毕业的学科, 学历等进行介绍

2. 想介绍和申请的职位

3. 申请这个职位的动机和拥有的能力

4. 有关于这个职位所得到的奖项

5. 证明自己的能力的实例, 自己有什么样的成绩

6. 自己拥有什么样的精神, 可以证明的

7. 如果录取之后, 要怎么做, 说自己的计划

---

(2) 자기소개

1. 자기가 졸업한 전공, 학년 등 소개하기

2. 신청하고 싶은 직위 제시하기

3. 이 직위를 신청하는 동기와 가지고 있는 능력 소개하기

4. 이 직위와 관련하여 수상한 사례

5. 자기 능력을 증명할 수 있는 실례 및 자기가 어떤 성적을 갖고 있는지 제시하기

6. 자기가 어떤 정신을 갖고 있다는 것을 증명할 수 있는 것

7. 입사하게 되면 어떻게 할 것인지 자기의 계획을 서술하기

가. 자기소개서 메모장을 참고하여 자신이 지원하는 분야나 업무와 밀접하게 관련지어 아래의 항목에 맞게 취업을 위한 자기소개서를 작성해 봅시다.

이름: _____   지원 분야(회사)와 업무: _____

1. 자기소개서를 쓰는 이유
2. 성장 과정
3. 학창 생활
4. 교내외 활동
5. 성격의 장점과 단점
6. 지원 동기와 입사 후 포부

※ 자기 자신이 이 분야에 돼 지원하는지와 위의 내용을 연관지어 살펴보자.

나. 이번에는 자기소개서 메모장을 참고하여 자유 형식으로 자기소개서의 개요를 만들고 이를 토대로 글을 써보자.

제4과

—

주제문 작성과 개요 작성

선생님: 자네 글을 써 왔나?

학생: 네, 그런데 글을 쓰면서 마음이 조금씩 바뀌는 것 같아 걱정입니다.

선생님: 뭐라고? 지난번 자기소개서를 쓸 때에도 자네의 마음이 갈대처럼 흔들린다고 하지 않았나? 자네는 글의 주제를 잡고 그것을 하나의 문장으로 주제문을 작성하여 글을 썼는가?

학생: 네, 그렇게 하였습니다.

선생님: 그런데 뭐가 문젠가?

학생: 앞에서 한 얘기와 중간에서 한 얘기, 그리고 맨 마지막에서 한 얘기가 맞지 않는 것 같습니다. 글의 방향이 자꾸 다른 쪽으로 흘러가는 것 같습니다.

선생님: 글의 주제를 잡고 난 다음에 혹시 그 주제의 근거가 될 만한 구체적인 사례들을 모았는가? 그리고 그 사례들이 주제와 밀접한 관계가 있는지 없는지를 살펴보았는가?

학생: 네, 사례를 모으고 그 사례들이 주제와 관련되는지 다시 한 번 살펴보았습니다.

선생님: 그렇다면 그런 사례들을 한눈에 알아볼 수 있도록 개요로 작성했는가? 설마 키워드만 적어둔 것은 아니지?

학생: 개요를 작성하지는 않았습니다.

선생님: 그냥 키워드를 중심으로 글을 쓸 때에 그 키워드가 좀 구체적이지 않으면 글을 쓰는 과정에서 문득문득 딴 생각이 자꾸 든다네. 그래서 글의 방향이 자꾸 엉뚱한 방향으로 흘러가는 것이네. 그러니 글을 쓰기 전에는 반드시 개요를 작성해서 글이 딴 데로 새지 않도록 해야 하네. 알겠는가?

학생: 네, 알겠습니다.

생각해 보기

- 주제를 주제문으로 작성하는 이유는 무엇인가?
- 글 또는 초고를 쓰기 전에 개요를 작성해야 하는 이유는 무엇인가?

1. 주제 찾기에서 주제문 작성하기

우리는 평상시에 잘 알지 못하는 어떤 사람에 대해 어떤 느낌을 가질 때가 있다. 주위를 둘러보라. 내 옆에 앉은 학생을. 나는 그에 대해 관심을 가지고 들여다 본 적이 있는가? 그에 대해 나는 어떤 느낌을 갖고 있는가?

그에 대해 어떤 느낌이 든다면 나는 그에 대해 글을 쓸 수 있을 것이다. 설령 어떤 느낌이 애초에 없었다고 하더라도 지금부터 그 사람이 어떤지를 관찰하면 그 사람에 대해서 글을 쓸 수도 있지 않을까?

학기가 시작된 지 한 달이 지났다. 어느 날 나는 땅을 쳐다보면서 길을 걷다가 길모퉁이에서 어떤 남학생과 부딪쳤다. 그 학생은 한눈에 봐도 가슴이 딱 벌어졌다고 할 만큼 가슴이 넓은 편이었다. 그 학생은 내게 미안한 기색도 보이지 않고 내 앞을 휙 하고 지나갔다. 누구의 탓이라고 말할 것은 아니지만 그의 뒷모습에 찬 기운이 맴돌고 있었다.

그날 이후 나는 학교를 오가면서 그 학생을 여러 번 볼 수 있었다. 그리고 그가 운동장에서 운동하는 모습도 간혹 보게 되었다. 그 남학생이 어떤 학생인지 궁금해서 우리 반 친구들에게 그에 대해 물어보았다.

"너희들 혹시 등교할 때 맨날 아침 일찍 혼자 학교에 오는 남학생 아니?"

"누구? 어떻게 생겼는데?"

나는 그 남학생에 대한 인상을 하나씩 하나씩 묘사해 봤다.

그 남학생을 글로 표현하기 위해 자기 자신이 갖고 있는 지식이나 정보를 나열해 보아야 한다.

〈정보의 예시 1〉

① 그는 가슴이 넓었다.

② 눈이 작고 쌍꺼풀은 없는 것 같았다.

③ 종아리는 굵었다.

④ 코는 오뚝한 편이었다.

⑤ 팔에는 잔 근육이 많았다.

⑥ 피부가 까무잡잡했다.

⑦ 허리가 잘록하였다.

⑧ 허벅지는 말의 다리처럼 딴딴해 보였다.

우리가 친구들에게 ①~⑧처럼 남학생에 대한 정보를 말하면 우리는 그 남학생을 잘 묘사하고 있는 것일까?

우리가 구어로 정보를 전달할 때는 위와 같이 전달해도 상관이 없을 것 같으나 이것을 글로 표현할 때는 두 가지 측면에서 아쉬운 점이 있다. 첫째 위의 ①~⑧은 내용상 두서(頭緒)가 없다. ①은 몸에 대해, ②는 얼굴에 대해 언급하고 있는 것이며, ③은 다리에 대해 언급하다가 ④는 다시 얼굴에 대해 언급하고 있는 것이다.

만약 위의 ①~⑧의 정보를 다음과 같이 분류해서 제시하면 어떨까? 필자가 아래와 같이 제시하는 것이 위에서 제시한 것보다 독자에게 정보를 전달하는 데 효율적인 것일까 아니면 비효율적인 것일까?

필자가 글감과 관련한 지식이나 정보를 나열할 때 이왕이면 독자가 그것을 이해하기 쉽게 분류하여 나열하는 것이 좋다.

〈정보의 예시 2〉

가	얼굴	② 눈이 작고 쌍꺼풀은 없는 것 같았다.
		④ 코는 오뚝한 편이었다.
		⑥ 피부가 까무잡잡했다.
나	몸	① 그는 가슴이 넓었다.
		⑤ 팔에는 잔 근육이 많았다.
		⑦ 허리가 잘록하였다.
다	다리	③ 종아리는 굵었다.
		⑧ 허벅지는 말의 다리처럼 딴딴해 보였다.

우리가 직접적으로 경험하고 또는 간접적으로 체험하는 것들은 위의 ①~⑧에서와 같이 산발적이고 개별적인 지식들이다. 그런데 그러한 지식을 오랫동안 기억해야 하고 또 이러한 지식을 필요에 따라서 적절하게 사용하기 위해서는 ①~⑧과 같은 지식을 〈정보의 예시 2〉의 '가~다'처럼 계층적으로 분류하는 것이 기억에 도움이 된다. 그리고 이와 같이 계층적으로 제시하는 것이 필자가 글로 표현할 때도 독자가 그 내용을 이해할 때도 수월해진다.

글 속에 자기 자신의 생각 즉 주제를 드러낼 때는 계층적으로 분류하여 제시하면 좋다.

그런데 〈정보의 예시 2〉의 '가~다'의 정보를 살펴보면 그 표현 속에서 '그 사람은 어떤 사람이다.'라는 이미지가 생기게 됨을 알 수 있다. 즉 〈정보의 예시 2〉의 표현을 통해서 사람들은 '그 남학생은 운동을 많이 한 사람인 것 같다.'라는 느낌을 가지게 된다. 사람들에게 이러한 느낌이 생기는 이유는 〈정보의 예시 2〉의 ③, ⑤~⑧과 관련이 있다. 이 정보들이 '운동을 많이 한 사람이다.'라는 이미지와 부합하기 때문이다. 결과적으로 이러한 표현들이 '이 사람은 운동을 많이 한 사람인 것 같다.'라는 메시지를 독자가 갖게끔 필자가 독자를 유도하는 요소가 되거나 이러한 이미지를 독자에게 전달할 때 생각의 근거로 작용하고 있는 셈이다. 그 남학생은 많이 운동한 사람인 것 같은가? 그 사람이 왜 건장하다고 생각하는가? 그것은 바로 그의 다리를 보니 종아리가 다른 사람에 비해서 굵고, 팔에는 잔 근육이 많으며 등등으로 말할 수 있는 것이다.

여기서 '그 남학생은 운동을 많이 한 사람이다.'라는 이미지가 곧 이 글감에 대한 글의 주제가 된다.

이와 같은 정보는 주제를 찾고 주제문을 작성할 때 중요한 요소가 된다. 주제문은 3과에서 배운 주제 찾기의 구체화 과정을 통해 문장 성분을 완전히 갖춘 문장으로 작성해야 한다.

2. 개요 작성하기

그런데 〈정보의 예시 1〉이든 〈정보의 예시 2〉이든 간에 ①~⑧의 표현 중에는 '운동을 많이 한 사람인 것 같다.'에 부합하지 않는 정보도 포함되어 있다. 즉 ②와 ④와 같은 표현은 그 남학생의 대표적인 이미지의 예로서는 적합해 보이지 않는다.

그렇다면 우리는 누군가에게 그 남학생의 외모에 나타나는 분위기 즉 주제를 중심으로 그 남학생을 언급할 것인가 아니면 사실 그대로의 그 남학생에 대해 언급할 것인가를 판단해야 한다. 그 남학생 그대로를 전달해야 한다면 〈정보의 예시 2〉와 같이 표현할 수 있다. 그러나 그 남학생의 외모에 나타난 대표적인 이미지를 중심으로 표현한다면 그것들과는 관련이 없는 정보들을 빼서 〈정보의 예시 3〉과 같이 전달하면 된다.

〈정보의 예시 2〉	〈정보의 예시 3〉

가. 얼굴
   ② 눈이 작고 쌍꺼풀은 없는 것 같았다.
   ④ 코는 오뚝한 편이었다.
   ⑥ 피부가 까무잡잡했다.
 나. 몸
   ① 그는 가슴이 넓었다.
   ⑤ 팔에 잔 근육이 많았다.
   ⑦ 허리가 잘록하였다.
 다. 다리
   ③ 종아리는 굵었다.
   ⑧ 허벅지는 말의 다리처럼 딴딴해 보였다.
	가. 얼굴
	   ⑥ 피부가 까무잡잡했다.
	
	 나. 몸
	   ① 그는 가슴이 넓었다.
	   ⑤ 팔에 잔 근육이 많았다.
	   ⑦ 허리가 잘록하였다.
	 다. 다리
	   ③ 종아리는 굵었다.
	   ⑧ 허벅지는 말의 다리처럼 딴딴해 보였다.

독자에게 그 남학생의 이미지가 어떠한지를 스스로 판단하게 하는 담화라면 〈정보의 예시 2〉와 같이 과거에 갖고 있던 정보를 모두 제시하는 것이 좋겠지만 그 남학생에 대한 자신의 생각, 자신이 가진 그 남학생의 대표적인 이미지를 중심으로 그것을 상대방에게 전달하고자 하는 것이 목적이라면 〈정보의 예시 3〉과 같이 전달하는 것이 효과적이다.

여기서 한 가지 더 언급하자면, 〈정보의 예시 3〉에서는 얼굴 부분에 대한 근거가 '몸'이나 '다리' 부분에 비하면 적게 제시되었다. 그러므로 필자는 '얼굴'에 해당하는 근거를 보강할 것인가 아니면 아예 '얼굴' 부분을 뺄 것인가? 또는 '얼굴'을 '몸'과 합쳐서 '상체'라는 새로운 범주로 묶어 버릴 것인가를 판단하는 것이 좋다.

평상시에는 그 남학생의 머리 모양에는 관심을 갖지 않았는데 그 남학생이 많이 운동한 사람인 것 같다는 이미지가 필자에게 생기면서 그 남학생의 머리 모양을 다시금 곰곰이 떠올릴 수도 있다. 그때 공교롭게도 그 남학생의 머리 모양이 '스포츠형의 짧은 머리 모양'이었음이 떠오른다면 이 '스포츠형의 짧은 머리'는 '운동을 많이 한 사람인 것 같다.'라는 이미지와 부합되는가 아니면 안 되는가를 판단해야 한다. 만약 이 머리 형태에 대한 정보가 주제를 드러내는 이미지와 부합한다면 우리는 이를 예로 '얼굴' 부분에 보강하면 좋을 것이다.

한편 ⓛ의 '가슴이 넓다'는 표현은 외국인 한국어 학습자에 따라서 '마음이 너그럽다'로 이해할 수 있고, ⑦의 '허리가 잘록하다'는 표현은 자칫 그 남학생의 허리가 여자의 가냘픈 허리로 본의 아니게 오해될 수 있다. 그런 경우에는 ⓛ과 ⑦를 합쳐서 '그의 상체는 역삼각형이다'로 표현을 바꾸어 주면 좋다. 그렇게 표현하면 독자는 필자가 표현하고자 하는 바를 올바르게 이해할 수 있을 것이다.

이상의 내용을 바탕으로 〈정보의 예시 3〉을 다음과 같이 수정해 보았다.

〈정보의 예시 3〉	〈정보의 예시 4〉

가. 얼굴
  ⑥ 피부가 까무잡잡했다.
나. 몸
  ① 그는 가슴이 넓었다.
  ⑤ 팔에는 잔 근육이 많았다.
  ⑦ 허리가 잘록하였다.
다. 다리
  ③ 종아리는 굵었다.
  ⑧ 허벅지는 말의 다리처럼
     딴딴해 보였다.
	가. 얼굴
	  ⑥ 피부가 까무잡잡했다.
	  ⑨ (추가) 머리가 스포츠형이다.
	나. 몸
	  ①⑦ (수정)상체가 역삼각형
	     이다.
	  ⑤ 팔에는 잔 근육이 많았다.
	다. 다리
	  ③ 종아리는 굵었다.
	  ⑧ 허벅지는 말의 다리처럼
	     딴딴해 보였다.

보고서와 같이 여러 학생들이 동시에 한 곳에 글을 제출하는 경우에는 보고서의 주제를 글의 앞부분에 제시하는 것이 좋다.

개요를 작성할 때 유의할 점은 주제의 위치이다.

필자가 독자에게 자신의 생각을 전달하고자 할 때 자신의 중심 생각을 먼저 말하고 그에 대한 근거를 나중에 언급할 수 있다. 또는 이와는 반대로 여러 가지 근거를 먼저 제시하고 그 근거들의 공통적인 특성을 나중에 제시할 수도 있다. 〈정보의 예시 5-가〉와 같이 글을 전개하는 경우를 흔히 두괄식(頭括式)이라 하고 〈정보의 예시 5-나〉와 같이 글을 전개하는 경우를 미괄식(尾括式)이라 한다. 두괄식이나 미괄식 외에 양괄식(兩括式)이란 것이 있다. 양괄식은 글이나 문단의 맨 앞과 맨 뒤에 자신의 주제를 제시하고 그에 따른 이유나 근거를 중간에 배치하는 방식이다. 중간에 배치된 내용이 다소 복잡해서 독자가 글 중간의 내용을 이해하다가 필자가 표현하고자 하는 중심된 내용을 잊을 경우가 있는데 그러한 경우들이 일어나지 않게 하기 위하여 양괄식을 사용한다.

보고서 형식에서 많이 사용하는 '서론-본론-결론'은 일종의 양괄식 구성이라 이해하면 될 것 같다. 서론에서 글의 목적을 제시하고

결론에서 다시 본문에서 다루었던 내용을 정리하는 것이 일반적인
형식이기 때문이다.

〈정보의 예시 5-가〉	〈정보의 예시 5-나〉
그는 건장한 사람이다. 왜냐하면 가. 얼굴 　⑥ 피부가 까무잡잡했다. 　…… (중략) …… 　⑧ 허벅지는 말의 다리처럼 　　딴딴해 보였다.	가. 얼굴 　⑥ 피부가 까무잡잡했다. 　…… (중략) …… 　⑧ 허벅지는 말의 다리처럼 　　딴딴해 보였다. **그러므로 그는 건장한 사람이다.**

위의 개요는 본론에 들어갈 수 있는 내용으로, 서론과 결론에 해당
하는 내용이 빠져 있다. 서론과 결론에 대한 내용은 뒤에서 다루기로
한다.

가. 다음 내용에 대해 생각해 보고 글쓰기 구상을 위해 메모장을 작성하고 개요를 도출해
　　봅시다.

> 이런 경우는 그 사람
> 에 대해 '가주제'가 있
> 다는 것을 의미한다. 여
> 기서 '가주제'란 임시의
> 주제를 말한다.

(1) 대상: 가족 중 한 사람을 글감으로 골라 보자. 그 사람이 어떤 특
　　성을 가지고 있는지 메모하자.

(2) 사건: '그 사람'하면 떠오르는 일련의 사건, 이미지 등에 번호를
　　붙여 가며 20가지 정도 나열해 보자. 가주제가 설정된 경우 그
　　이미지에 부합하는 예들을 떠올려 보고 그것을 나열해 보자.

(3) 사건 특성: 제시한 사건들과 이미지들을 비교해 보고, 그중 어느 하나의 특성으로 묶
　　일 수 있는지 살펴보고 그것을 분류해 보자. 가주제가 설정되었음에도 그 주제와 관련
　　된 예들이 떠오르지 않는다면 (2)로 돌아가 '그 사람'과 관련된 기억의 모든 사례들을
　　메모해야 한다.

(4) 사건별 특성: 각각 분류한 사건이나 이미지를 포함하는 단어를 찾아서 그것을 표현해
　　보자. 분류된 여러 가지의 특성들이 서로 관련이 있는지 없는지 판단하여 관련이 있으
　　면 이를 포함하는 단어를 찾아서 표현해 보자.

(5) 선택: 4-1, 4-2, 4-3 또는 4-4 중에 어느 것을 글로 쓸지를 선택해 보자. 이때 이왕이
　　면 내용이 참신한 것으로 골라보자.

(6) 주제문: 선택한 것을 중심으로 주제문을 만들어 보자.

(7) 주제문 관련 사건 관련 예: (6)에서 제시한 주제문에 부합하는 예들을 생각해보고, 여
　　기에 나열해 보자.

(8) 배열 순서: (2)와 (7)의 내용을 어떤 순서로 배열하는 것이 주제를 드러내는 데 좋을
　　지 생각해 보자.

(9) 서론: 대상을 거론하는 계기, 배경, 이유 등을 실제의 사례를 통해 표현해 보자.

(10) 결론: 대상에 대한 필자의 느낌이 어떻게 모아지는지 그 느낌을 나열해 보자.

〈표 16〉 글쓰기 구상을 위한 메모장

(1) 대상	대상:		
(2) 사건	• 번호를 매기면서 기억에 남는 사건을 구체적으로 나열해 볼 것. 이왕이면 특성이 반영된 사건을 제시할 것. • 예를 들어 '어머니' 하면 떠오르는 이미지는 무엇인가를 생각해 보고 이를 적을 것.		
(3) 사건 분류	• (2) 중에서 번호만 넣을 것.		
(4) 사건별 특성	• 사건에 맞는 특성을 적을 것. (4-2) (4-1) (4-4) (4-1)~(4-3)을 묶을 상위어를 제시할 것.		(4-3)
(5) 선택	○　　　×	○　　　×	○　　　×
(6) 주제문			
(7) 주제문 관련 사건 예	• (6)에 부합하면서 (2)에는 없는, 좋은 사례 등을 추가할 것.		
(8) 배열 순서	• (2, 7) 중에서 번호로 순서를 배열할 것.		
(9) 서론			
(10) 결론			

나. 조별로 모여 작성한 메모장을 보면서 주제문과 개요에 대해 발표하고 주제문과 글의 흐름이 맞는지 이야기해 봅시다.

다. 조원의 의견을 잘 생각하고 수정할 부분을 수정하여 완성합시다.

가. 4과 '활동'에서 작성한 가족 글쓰기 메모장을 이용하여 개요를 작성해 봅시다.

① 글의 제목:

② 글의 주제문:

③ 글의 개요(또는 구성):

나. 글의 구성에 들어갈 실제 내용을 채워 봅시다.

다. 위의 내용을 보면서 다음 사항을 검토해 봅시다.

　(1) 글에 들어갈 항목들이 빠짐없이 들어가 있는가?

　(2) 글의 구성 항목이 글의 주제나 목적을 드러내는 데 부합하도록 잘 배열되었는가?

　(3) 글의 구성 항목의 내용이 주제와 잘 부합하는가?

　(4) 글의 구성 항목에 들어간 내용은 객관적이며 구체적인 것인가?

라. 위의 내용에서 기입하지 못한 내용은 추가 자료를 찾아 정리해 봅시다.

제5과

서론 및 결론 구상

선생님: 자네는 부모님 중 어느 분에 대해서 글을 써 왔나?

학생: 네. 아버지에 대해서 글을 써 왔습니다.

선생님: 아버지에 대해서 글을 써 왔다고?

학생: 네, 그렇습니다.

선생님: 그런데 왜 아버지에 대해서 글을 썼지?

학생: 선생님께서 부모님 중 어느 한 분에 대해서 글을 써 오라고 하지 않았습니까?

선생님: 물론 그랬지. 내가 써 오라고 말하긴 했지. 그럼 자네는 글의 앞부분에는 뭐라고 썼지?

학생: 뭐라고 특별하게 쓰지 않았습니다.

선생님: 음, 있잖아, 자네가 그 글을 왜 쓰게 되었는지에 대해 의미를 부여해야 하지 않나? 자네가 쓴 글을 누군가는 읽어 볼 것인데 그 글을 읽는 사람이 자네가 쓴 글을 읽을 때 갑자기 자네의 아버지가 어떻다고 하는 내용을 읽으면 독자 입장에서 얼마나 뜬금이 없겠는가? 그렇지 않나? 입장을 바꿔 놓고 생각해 보게.

학생: 그러고 보니 그럴 것 같습니다. 어떤 얘기를 본격적으로 진행하기에 앞서 그 얘기가 나오게 된 배경이나 사정, 계기, 배경 등을 제시하면 글이 훨씬 더 자연스러울 것 같습니다.

선생님: 그렇겠지. 독자들이 아버지를 자연스럽게 떠올릴 만한 계기나 사정을 필자가 제시하면 좋을 것 같고, 그것이 필자가 말하고자 했던 즉 주제와 밀접해야겠지. 결과적으로는 글의 앞부분도 주제와 관련되어 있어야 한다네.

학생: 네. 제가 준비한 글 앞에 어떤 내용을 넣을지 생각해 보겠습니다.

선생님: 그래. 그렇게 하지. 그런데 사실은, 그런 것도 개요를 작성할 때 이미 반영했어야 하는 거야. 알겠지? 그리고 글의 끝에도 그렇고.

학생: 네, 알겠습니다. 앞으로는 그렇게 하겠습니다.

생각해 보기

- 서론과 결론 중에 무엇을 먼저 완성하면 좋을까?
- 서론에는 어떤 내용이 들어가는 것이 좋을까?
- 결론에는 어떤 내용이 들어가는 것이 좋을까?

1. 서론의 구상

　보고서 형식의 글쓰기에서 서론은 거의 마지막에 완성한다. 즉 서론은 본론보다 나중에 완성하는 것이 일반적이라 할 수 있다. 물론 일상적인 내용을 글로 담을 때에는 본론과 결론의 내용이 길지 않아서 처음부터 서론-본론-결론의 순서로 글을 쓰기도 하지만 본론-결론-서론 순으로 글을 쓰거나 본론-서론-결론의 순으로 글을 쓰기도 한다.

　글의 종류를 막론하고 순서상 서론이 본론보다 앞서지만 글의 작성(作成) 순서상 서론을 늦게 완성하는 이유는 서론의 내용이 본론과 밀접한 관련을 맺고 있기 때문이다. 그리하여 본론을 다 완성하기 전에 서론을 작성하게 되면 본론의 내용이 서론을 쓸 때와는 다른 방향으로 전개되어 글의 일관성이 떨어지게 된다. 그런 글들은 좋은 글이라 할 수 없다.

　글의 일관성을 유지하기 위해 서론을 수정해야 하는 경우가 많다. 물론 이러한 문제를 최소화하기 위해서 글을 쓰기 전에 무엇을 어떻게 쓸 것인지를 잘 염두에 두고 개요에 이를 구체적으로 반영하여 개요를 작성한 후에 글을 쓰게 된다. 그리하면 본론에서 생각이 다른 방향으로 흘러갈 가능성이 줄어들고 서론을 다시 쓸 가능성도 그만큼 줄어들게 된다. 이러한 사정으로 개요를 구체적으로 작성하고 그 개요에 맞게 글을 쓸 것을 학생들에게 권장한다. 그렇지만 개요를 구체적으로 작성하는 데 익숙하지 않거나, 글의 내용이 많고 또는 복잡한 경우 등에는 우리가 개요를 구체적으로 작성하여도 본문의 내용에 변화가 생길 가능성이 높아서 서론은 수정될 가능성이 높다. 이러한 연유로 대개의 경우에는 서론을 아주 간단하게 또는 거칠게 쓰면서 본론과 결론을 완성한 후 그 본론과 결론에 맞게 서론을 다시 다듬는다.

글의 서론은 본론과 결론을 구체화한 다음 완성한다.

보고서의 서론 작성에 대해서는 제14과를 참조할 것.

서론은 글의 안내자적인 역할을 한다. 글의 전체적인 주제를 드러내고 그 주제를 드러내게 된 동기, 필요성, 방법 등을 밝히는 곳이다. 독자는 이러한 서론을 통해 필자가 독자에게 전하고자 하는 내용 즉 글의 목적이나 글의 방향에 대해 개략적으로 이해하게 된다. 보고서의 경우에는 서론에 보고서의 목적, 보고서의 필요성, 보고서 작성 시 이론적 배경을 명확하게 제시하는 것이 일반적이다.

일반적인 내용의 글쓰기에서도 서론은 보고서의 그것과 크게 다르지 않다. 대개 경우 글의 목적이나 동기, 필요성 등을 서론에서 제시하면 된다. 아래의 (ㄱ)은 서론에 해당하는 부분이다.

> 글의 서론에는 글의 목적, 글을 쓴 동기나 필요성 등을 제시한다.

(ㄱ) 요 며칠 동안 시집 간 누나가 아파서 우리 집에서 요양 중이다. 누나는 처음에 허리가 아프다고 했지만 심하지 않아서 참고 있었다고 한다. 그 후 꿈속에서 돌아가신 아버지를 보고 병원을 찾는 등 난리법석을 친 끝에 우리 집에 온 것이다. 고인(故人)을 꿈속에서 만나면 안 좋다는 매형(妹兄)의 이야기 끝에는 근심이 엿보인다. 꿈속에서 돌아가신 분을 보면 왜 안 좋은 것일까? 한동안 나의 기억 속에서 멀찌감치 계셨던 아버지를 이 기회에 다시 만나게 되었다.

(이하 생략)

아버지에 대한 회상(回想)을 친정에 와 요양 중인 누님의 꿈자리를 서두로 하여 글을 전개하고 있다.

2. 결론의 구상

결론 부분은 본론 부분이 완성된 후 작성하는 것이 좋다. 결론에서는 독자들에게 본론의 주제를 다시 한 번 환기하거나 주제와 관련된 핵심 내용을 강조한다. 그래서 결론에는 본론 내용을 요약하여 제시하거나 본론의 내용을 종합하는 경우가 많다. 독자가 글을 읽고 난 다음의 느낌이 결론을 통해서 재확인되는 과정이라고 볼 수 있다.

결론에는 본론의 내용에 따라서는 향후의 일에 대해서 전망하는 내용을 포함하기도 하고, 어떤 내용을 독자들에게 제언하기도 한다. 다음의 (ㄴ)은 글의 결론에 해당하는 부분이다.

> (ㄴ) 꿈속에서 고인을 만나는 것이 불길해도 좋다. 어버이날만이라도 아버지를 꿈속에서 만나 뵙고 싶다. 그리고 당신의 가슴에 예쁜 빨간 카네이션 한 송이를 달아드릴 수만 있다면 좋겠다.

(ㄴ)은 무슨 날만 되면(여기서는 5월 어버이날) 더욱 아버지가 그리워진다는 필자의 주제가 잘 드러나 있다.

결론은 독자가 글의 주제를 환기할 수 있도록 본론의 내용을 요약하거나 종합한다.

가. 조별로 아래 글을 읽고 (ㄱ)과 (ㄴ)의 뒷부분이 어떻게 전개될지 생각해 보고 이에 대
   해 이야기해 봅시다.

> (ㄱ) 나는 한국에 처음 왔을 때 걱정하는 일이 많았다. 왜냐하면 내가 한국에 오기 전에 인
> 터넷으로 한국에 대한 정보를 많이 보았기 때문이다. 한국에 대한 부정적인 정보를
> 많이 본 탓에 걱정이 앞섰다. 그렇지만 한국에 와서 내가 만난 학교 선생님들은 매우
> 친절하고 인내심이 많으셨다. 내가 걱정했던 것과는 많이 달랐다.
>
> (ㄴ) 이 세상에서 삶을 살면서 좌절하지 않고 성공하기만 한 사람은 없다. 팔방미인일지라
> 도 어떤 방면에서는 잘 못하는 것이 있거나 부족한 점이 있기 때문에 가끔 좌절할 때
> 가 있다. 나도 마찬가지로 과거에 대해 생각해 보니 성공할 때가 많았지만 좌절할 때
> 도 적지 않았다.

나. 다음은 위의 (ㄱ)과 (ㄴ)의 결론 부분입니다. 서론과 결론이 잘 연계되어 있는지 이야
   기해 봅시다. 잘 연계되어 있지 않다고 느낀다면 왜 그런지 말해 봅시다.

> (ㄷ) 혼자서 외국에서 유학 생활을 하는 것은 매우 힘들다. 그렇지만 우리 학교의 선생님과
> 외국 친구는 나에게 도움을 많이 줬다. 그들 덕분에 내 기분이 따뜻해지고 외로운 마
> 음이 거의 없어졌다. 이러한 소중한 기억을 내 평생 동안 잊을 수 없을 것이다.
>
> (ㄹ) 우리나라 말 중에 "사람이 마음만 먹으면 산을 부수거나 바다를 가득 채울 수 있다"라
> 는 말이 있다. 따라서 아무리 어려운 일이더라도 목표를 정하고 계획을 세운 후에 미
> 래의 성공을 생각하면서 노력하면 꼭 성공할 수 있다.

다. '가'의 (ㄱ), (ㄴ)과 연계가 잘 되는 결론을 작성해 봅시다. 그리고 '나'의 내용만 보고
   연계가 잘 되는 서론을 작성해 봅시다.

과제

가. 가족 글쓰기의 메모장을 활용하여 서론과 결론을 구상하여 작성해 봅시다.

① 글의 제목:

② 글의 주제문:

③ 글의 개요(또는 구성):

   1. 서론

   2. 본론(개요)

   3. 결론

나. 작성한 서론과 결론의 내용이 잘 연계되어 있는지 살펴보고 수정해 봅시다.

제6과

초고 작성과 퇴고

선생님: 자네 이 글을 제출하기 전에 한 번이라도 읽어 봤나?

학생: 아뇨.

선생님: 왜지?

학생: 선생님이 말씀하신 대로 주제를 잡고 주제문을 작성한 다음 그에 맞게 개요도 작성했습니다. 그리고 그것을 토대로 글을 썼습니다. 이렇게 글을 진행했는데도 제 글을 또 읽을 필요가 있습니까?

선생님: 그런가? 일단 그동안 글을 쓰느라 수고했네. 그런데 자네 글을 읽어 보니 그 글의 내용 중에는 군더더기 같은 것도 있고, 중복되는 듯한 내용도 있네. 또한 문단이 잘 나뉘지 않은 곳도 눈에 보이고, 몇 개의 문장은 주어와 서술어가 호응되지도 않네. 띄어쓰기가 안 맞는 것도 있고. 특히 외국인인 자네는 잘못된 발음의 습관으로 그런 것인지 유난히 틀린 글자들이 많구먼. 또 편집도 좀 아쉽고. 글이 이렇다 보니 내가 자네 글을 읽기가 힘드네. 이해하기 힘들다는 얘기지.

학생: 아, 네. 죄송합니다.

선생님: 우리가 글을 쓰는 데 몰두하다 보면 이런 일들이 비일비재(非一非再)하다네. 그래서 필자들은 글을 완성한 다음 독자의 입장에서 글을 처음부터 다시 읽어야 한다네. 그 과정에서 이상하다고 판단되는 것들을 삭제하거나 보완하거나 하지. 한 편의 글을 여러 번 읽으면서 고치는 것이 글의 완성도를 높이는 데 훨씬 좋다네.

학생: 네, 다음부터는 글을 제출하기 전에 독자의 입장에서 읽어 보고 문제가 있으면 그것을 수정하고 보완한 다음에 선생님께 제출하도록 하겠습니다.

선생님: 아무렴 그래야지. 명심하게. 글은 고칠수록 좋아진다는 것을.

학생: 네. 제 글을 다시 읽어 보고 문제를 찾아 여러 번 고쳐서 다시 제출하겠습니다.

생각해 보기

- 초고는 왜 개요를 토대로 쓰는 것일까?
- 초고를 작성하였는데 왜 여러 번을 퇴고하는 것일까?

1. 작성한 개요를 토대로 초고 작성하기

초고를 쓸 때에는 가급적이면 개요에서 벗어나지 않아야 한다. 개요에 벗어나는 어떤 생각들을 초고에 모두 반영하면 글이 생각하지 못한, 엉뚱한 방향으로 전개될 수 있다. 그러면 필자가 애초에 생각했던 목적에 부합하지 않은 글로 완성될 가능성이 높다.

또한 개요에 벗어나는 어떤 생각들을 초고에 반영하게 되면 그 생각과 관련하여 사례나 설명이 지속적으로 추가되어서 글의 분량이 계속 늘어난다. 그렇게 필자의 생각이 확대되고 그래서 원고의 분량이 계획 없이 늘어나면 초고가 언제 완성될지 아무도 장담할 수 없다. 우리가 초고를 쓰다가 어느 부분에서 내용이 부족하다는 생각이 들면 우리는 그 부분에 해당하는 개요를 다시 살펴보는 것이 좋다. 그리고 그 개요에 보충할 내용을 메모해 놓자. 그때 그것을 바로 메모하지 않으면 그 생각이 다시 떠오르지 않을 수도 있기 때문이다. 그리고 이렇게 개요에 추가로 메모한 내용은, 초고를 다 쓴 다음에 우리가 초고를 퇴고할 때, 원고에 넣을지 말지를 한 번 더 고려하자.

이때 유의할 점이 있다. 주제와 벗어나는 내용의 메모는, 아무리 이를 글에 반영하고 싶다는 생각이 들더라도, 이를 초고에 반영하지 않는다. 사실 그런 생각들은 개요를 작성할 때 개요에 반영할지 말아야 할지를 고민했어야 하는 것이다. 주제와 관련한 새로운 메모를 개요에 넣고 싶을 때에는 이 메모의 내용이 주제를 드러내는 데 기여하는 바가 있을 때, 글을 전개하는 데 도움을 줄 때 넣도록 한다. 단 주제와 관련한 메모의 내용을 개요의 어느 부분에 넣을 것인가를 고민하되 주제를 살리는 데 기여하지 못한다고 판단되면 그 새로운 생각이 아무리 좋다고 하더라도 과감하게 빼도록 한다. 명심하자. 구상은 개요 작성 단계에서 완성하고, 초고는 개요를 중심으로만 작성한다는 것을.

> 초고는 개요를 중심으로 작성하라!

2. 퇴고하기

작성한 초고를 그대로 선생님께 제출하지 말고 여러 번 읽어 보고 수정해서 제출하자!

학생 대부분은 초고를 쓴 다음 바로 그 글에 겉표지를 만들어 붙인 다음 이를 과제물로 제출하는 경우가 많다. 과제물 제출 기한에 쫓기다 보면 이렇게 할 수밖에 없는 경우가 있을 것이다. 그런데 그렇게 내는 과제물과, 과제물을 내기 전에 한 번이라도 자기 자신이 쓴 글을 더 읽어 보고 거기에서 오류를 찾아 낸 다음 이를 고쳐서 제출한 과제물과의 사이에는 글의 완성도 면에서 적지 않은 차이가 있다.

필자인 학생들은 자기의 초고를 기본적으로 독자의 입장에서 다시 한 번 처음부터 끝까지 읽어보는 것이 중요하다. 이렇게 초고를 읽을 때에는 크게 두 단위로 나누어 내용을 검토하는 것이 좋다. 하나는 문단 중심의 검토이고 나머지 하나는 문장 중심의 검토이다. 이 과에서는 문단 중심의 검토에 대해서만 설명하고 다음 과에서 문장 중심의 검토에 대해서 설명하도록 하겠다.

초고를 수정할 때에는 독자의 입장에서 글을 읽어 보아야 자신의 글 속에서 오류를 쉽게 잡을 수 있다.

문단 중심으로 내용을 검토할 때에는 먼저 자기가 표현하고자 하는 바를 이 글이 잘 드러내고 있는가, 그리고 독자들이 필자가 의도한 바대로 그 내용을 이해할 수 있는가에 중점을 두어 살펴보아야 한다. 이 과정에서 우리는 다음과 같은 질문을 스스로에게 던지고 그 질문에 대한 대답을 하나씩 제시해 가면서 글을 수정하거나 보완한다.

먼저 글의 전체 내용을 살펴보아야 한다. 이는 곧 글의 전체 내용이 주제와 부합하는가와 관련되어 있다. 즉 독자인 자신이 글을 읽는 내내 또는 글을 읽고 난 다음에 필자인 자신이 전하고자 하는 주제 의식을 알 수 있는지를 점검해야 한다. 그리고 독자와 필자의 생각이 같지 않다면 이와 같이 둘의 생각이 같지 않게 만든 원인이 무엇인가를 찾아야 한다. 그리고 그 부분을 수정하거나 내용을 보완하여야 한다.

글의 주제를 염두에 두고 문단을 중심으로도 살펴보자!

아울러 글의 전체 흐름과 관련하여 살펴보아야 할 부분이 있다. 그것은 문단이다. 문단을 중심으로 문제가 있는가 없는가를 살펴보는 것이다. 문단이 나뉘어야 하는데 그렇지 않다거나, 문단과 문단 사이에 내용의 차이가 크게 생겨서 어떤 문단을 새로이 집어넣어야 하는 경우가 있지는 않은가? 또는 문단과 문단이 내용상 지나치게 중복되는 경우는 없는지 등등에 대한 질문에 적절하게 대응해야 한다. 어떤 경우에는 문단을 나누거나 합치고, 또 어떤 경우에 따라서는 문단을 보완하여 넣거나 또는 불필요한 문단을 빼는 작업을 수행해야 한다.

주제문
예) 그 남학생은 운동을 많이 한 사람인 것 같다.

주제문을 뒷받침하는 문단 1-얼굴

　　문단 1을 뒷받침하는 문단 또는 문장
　　예) 머리가 스포츠형 짧은 머리이다.

　　문단 1을 뒷받침하는 문단 또는 문장
　　예) 피부가 까무잡잡하다.

　　　　：

주제문을 뒷받침하는 문단 2-몸

　　문단 2를 뒷받침하는 문단 또는 문장

　　문단 2를 뒷받침하는 문단 또는 문장

　　　　：

주제문을 뒷받침하는 문단 3

　　　　：

가. 제5과 활동 〈표 16〉의 내용을 토대로 한 글의 개요를 다시 한 번 이 개요가 주제를 잘
    드러내고 있는지 검토하고 부족한 부분을 보완하여 완성해 봅시다.

나. 위에서 보완하여 완성한 개요를 토대로 초고를 원고지나 노트에 써 봅시다.

다. 조별로 초고를 돌려 보고 독자의 입장에서 수정할 내용에 대해 논의하고 수정해 봅시다.

가. 다음 사항을 고려하여 활동에서 완성된 초고를 문단별로 살펴봅시다.

　① 문단이 나뉘어야 하는 부분이 있는가?

　② 문단이 합쳐져야 하는 부분이 있는가?

　③ 주제문에 벗어나는 문단은 뺐는가?

　④ 주제문에 부합하면서 꼭 필요한 문단이 추가될 필요는 없는가?

〈수정 할 내용〉

나. '가'의 내용을 바탕으로, 완성된 초고를 문단별로 수정하여 작성해 봅시다.

제7과
———
문장의 수정과 보완

학생: 선생님, 한국어에서 어느 때는 조사를 생략해도 괜찮을 것 같은데요, 어떤 분들은 조사를 생략하면 안 된다고 말씀하시기도 하는데 이를 어떻게 해야 하는지 잘 모르겠습니다.

선생님: 독자가 어떤 문장을 읽으면서 이를 다각도로 해석할 수 있는 경우에는 조사의 생략이 안 된다네. 다각도로 해석할 수 있는 원인은 여러 가지가 있겠지만 그중의 하나는 조사의 생략으로 의미의 혼선을 빚는 경우지. 예를 들어 '철수 영희 좋아한다.'라고 말한다면 이때 누가 누구를 좋아하는지 자네는 알 수 있겠나? 이와 같은 문장에서 조사가 생략되면 '철수가 영희를 좋아하는지' 아니면 '영희가 철수를 좋아하는지' 분명하지 않게 되지. 통상적으로는 주어가 문장의 맨 앞에 놓이고 그 다음에 목적어가 오게 되므로 '철수가 영희를 좋아한다.'고 생각할 수 있겠지만.

학생: 이때도 독자가 그 문장의 의미를 어떻게 받아들일지를 생각하라는 것이군요.

선생님: 맞네. 결국은 그런 의미지. 띄어쓰기도 이런 경우가 있는데 '뉴욕시장애인대회'라고 하면 '뉴욕 시장 애인 대회'인지 아니면 '뉴욕시 장애인 대회'인지 알 수 없지. 통상적으로는 '뉴욕 시장 애인 대회'란 것이 소설이나 드라마, 영화와 같은 픽션 세계에나 있을 법한 얘기니 독자들은 '뉴욕시 장애인 대회'라고 결국은 해석하겠지만. 처음부터 '뉴욕시 장애인 대회'라고 띄어 쓰면 독자들이 글자의 의미를 보다 더 쉽고 빠르게 이해할 수 있겠지. 안 그런가?

학생: 네, 무슨 말씀인지 알겠습니다.

선생님: 그래서 글을 쓰고 난 다음에는 반드시 독자의 입장에서 읽어야 한다네. 필자의 의도와 다르게 해석될 수 있는지, 필자가 전달하고자 하는 내용에 어떤 정보가 빠지지나 않았는지 등을.

학생: 네, 명심하겠습니다.

생각해 보기

- 한국어에서 조사의 사용은 왜 중요한가?
- 한국어 문장에서 제일 중요한 문장 성분은 무엇인가?

1. 조사

문단 중심의 내용 검토가 끝나면 문장 단위의 검토가 필요하다. 문장 단위의 검토란 문장을 포함하여 문장을 구성하는 구성 성분 즉 단어들의 검토를 의미한다. 물론 문단 단위로 검토하면서 문장 단위나 단어 단위의 오류가 보이면 그것을 그때그때 수정해야 한다. 그렇다면 우리는 문장 중심의 검토에서 어떤 점을 고려해야 하는가?

우선 문장을 읽을 때 누락된 조사가 있는지 잘못 넣은 조사 있는지 확인해야 한다. 주지(周知)하는 바와 같이 한국어는 교착어(膠着語)이다. 한국어의 이러한 언어적인 성질 때문에 교착어가 아닌 언어권의 학습자가 한국어를 배울 때에는 어려움이 많다.

> **교착어**
> 한국어와 같이 실질적인 의미를 가진 단어 또는 어간에 문법적인 기능을 가진 형태가 결합함으로써 문장 속에서의 문법적인 관계나 역할을 나타내는 언어.
> 예) 한국어, 터키 어, 일본어 등

(1) I gave a doll to a child.
(2) I gave a child a doll.

영어는 굴절어(屈折語)로, 영어의 구성 성분은 단어가 문장의 어느 위치에 오느냐에 따라 결정된다. 그렇지만 한국어의 경우는 그렇지 않다. 한국어의 경우 문장 성분의 위치가 영어만큼 중요하지 않다.

> **굴절어**
> 영어와 같이 어형과 어미의 변화로써 문장 속에서 단어가 가지는 여러 가지 관계를 나타내는 언어.
> 예) 영어, 독일어, 프랑스 어 등

위의 예문에서 알 수 있듯이 'a child'는 (1)에서도 (2)에서도 그 형태에 변화가 없다. 아래 (3)의 한국어에서도 '인형' 그 자체에는 형태의 변화가 없다. 다만 '아이' 뒤에 결합하는 형태가 문장에서 어떤 역할을 하느냐에 따라 선택적으로 달라진다.

(3) 나는 인형-**을** 아이-**에게** 주었다.
(4) 나는 아이-**에게** 인형-**을** 주었다.

(3)과 (4)의 예문을 통해서 한국어에서 문장의 성분 간의 관계를

보여주는 것은 조사라는 것을 알 수 있다.(그래서 이를 관계언이라고 한다.) 따라서 조사를 문장에 적절하게 표시하지 않으면 그 문장을 이해하기 어렵게 된다.

  (5) John loved Merry. / 현우가 유이를 사랑했다.
  (6) Merry loved John. / 현우를 유이가 사랑했다.

  (5)와 (6)의 영어 문장을 보면 John과 Merry는 아무런 형태의 결합 없이도 문장에서 어느 위치에 나타났느냐에 따라 문장에서 서술어의 주어가 되기도 하고 목적어가 되기도 한다. 그렇지만 한국어 문장에서 '현우'와 '유이'는 문장에서 같은 위치에 놓임에도 불구하고 이들이 어떤 문법 형태와 결합하였느냐에 따라 문장에서 서술어의 주어가 되기도 하고 목적어가 되기도 하는 것이다.
  다음의 두 예문을 비교해 보도록 하자.

  (7) 현우 한국어 공부한다.
  (8) 현우 유이 좋아한다.

문장을 작성할 때 조사가 들어갈 자리에는 조사를 꼭 넣어야 의미가 명확해 진다.

  (7)과 (8)은 모두 조사가 생략되어 있다. 그런데 예문 (7)은 문장의 의미를 파악하는 데 어려움이 없는 반면 예문 (8)은 의미가 명확하지 않아 의미를 파악하는 데 어려움이 뒤따른다. 예문 (7)은 조사가 없어도 누가 공부하는지, 무엇을 공부하는지를 이해할 수 있다. 일반적인 의미에서는 '한국어'가 '현우'를 공부할 수 없기 때문이다.
  이에 비해 예문 (8)은 누가 누구를 좋아하는지를 알 수가 없다. '현우가 유이를 좋아한다.'일 수도 있고 '유이가 현우를 좋아한다.'고 이해할 수도 있기 때문이다.

  (9) 현우 한국어 공부한다.

(10) 현우가 한국어를 공부한다.

글쓰기에서 독자(讀者)가 불특정인(不特定人)일 경우 그들이 어떠한 정보를 가지고 있는지를 필자(筆者)는 알 수 없다. 그리하여 필자는 글을 쓸 때에 필요한 정보를 가급적이면 의미가 완전한 문장으로 표현해야 한다.

앞에서 언급한 바와 같이 예문 (9)의 경우는 조사를 문장에 드러내지 않아도 그 의미를 이해하는 데 어려움이 없다. 그렇지만 예문 (9)와 (10), 두 문장을 비교해 보면 독자는 문장에 조사가 없을 때보다 문장에 조사가 있을 때 독자가 그 문장을 이해하기가 훨씬 수월하다. 요(要)는 독자가 문장의 의미를 분명하게 이해할 수 있다고 하더라도 문장에 조사를 집어넣는 것이 독자가 글을 이해하는 데 도움이 된다는 것이다. 그러므로 문장에서 가급적 조사를 생략하는 일이 없도록 하자.

독자가 문장의 의미를 쉽게 이해할 수 있도록 하기 위해서는 우리가 조사 없이도 이해할 수 있는 문장에도 조사를 넣는 것은 물론이고 조사 없이 문장을 이해할 수 없는 문장에는 더욱 더, 그 문장의 의미를 분명하게 하기 위해 조사를 넣어야 한다. 그러므로 문장을 작성할 때에는 반드시 그 의미에 맞는 조사가 무엇인지 생각해 보고 필자의 의도를 잘 반영할 수 있는 조사를 넣어야 한다.

(11) 현우를 유이가 좋아한다.

한국어 조사에는 두 종류가 있다. 하나는 격조사이고 하나는 보조사이다. 예문 (11)의 '영희가'에서 '가'는 서술어 '좋아한다'의 주체가 무엇인지를 알려주는 표지이다. 또한 '현우를'에서 '를'은 '좋아한다'의 대상이 무엇인지를 알려주는 표지이다.

서술어의 주체가 무엇인지를 알려주는 표지를 주격 조사라고 하고, 서술어의 행위가 미치는 대상이 무엇인지를 알려주는 표지를 목적격 조사라고 한다. 이런 조사들은 어떤 의미를 갖고 있는 것이 아니다. 다만 서술어를 중심으로 이러한 표지가 단어에 붙은 것이며 이들의 역할은 이 표지가 붙은 단어들이 문장에서 서술어에 대해 어떤 역할을 담당하는 것인지를 나타낼 뿐이다.

(12) 현우를 유이도 좋아한다.

예문 (12)에서 '유이도'의 '도'는 예문 (11)의 '유이가'의 '가'와 같기도 하고 다르기도 하다. 예문 (12)에서 '도'는 (11)의 '가'와 그 기능상에서 다르지 않다. 서술어 '좋아한다'의 주체임을 '가'는 물론이고 '도'도 표시해 주기 때문이다. 그런데 그 의미는 완전히 똑같지 않다.

(13) 현우를 유이가 좋아한다.
(14) 현우를 유이도 좋아한다.

예문 (14)에서 '도'를 사용할 경우에 예문 (13)에서 '가'를 사용했을 때와는 다른 정보를 가지게 된다. 주격 조사 '가'를 사용하게 되면 서술어 '좋아한다'의 주체가 '유이'임만을 보여준다. 그런데 보조사 '도'를 주격 조사를 대신해서 그 자리에 사용하게 되면 '도'는 서술어 '좋아한다'의 주체가 '유이'임을 독자에게 보여줌과 동시에 누군가가 또 '현우'를 좋아하는 사람이 있음을 암시하게 된다. 이렇듯 '가'와 '도'는 다른 종류의 조사인데 이때 단순히 어떤 기능만을 가지고 있는 것을 격조사라 하고 '도'와 같이 그 조사에 다른 의미를 내포할 때의 조사를 보조사라 한다. 보조사에는 '은/는, 만, 도, 까지, 마저' 등이 있다.

이런 보조사들은 서술어를 중심으로 그것이 문장에서 어떤 기능을 하는지에 대한 기능을 표시하기도 하지만 보조사 자체의 의미도 내포하고 있어서 우리는 보조사의 사용에 있어 각별히 조심해야 한다.

(15) 현우도 유이가 좋아한다.

예문 (15)에서 서술어 '좋아한다'의 주체는 '유이'이다. 그 이유는 '유이' 뒤에 있는 주격 조사 '가'를 통해서 독자에게 이 문장에서 주어가 무엇인지를 알려주고 있기 때문이다. 서술어 '좋아한다'의 대상인 '현우'에는 목적격 조사 '를'을 결합하지 않고 보조사 '도'가 결합하였다. 이때 '도'는 목적격 조사처럼 '현우'가 '유이가 좋아하는' 대상임을 표시함과 동시에 '유이'가 '좋아하는' 대상이 '현우' 말고도 더 있음을 보여주고 있다.

이처럼 '도'는 주격 조사 자리에 나타나기도 하고 목적격 조사 자리에 나타나기도 하면서 또 다른 의미를 보태는 보조사인 것이다.

> 서술어를 중심으로 체언 뒤에 어떤 조사를 결합해야 할지 살펴보아야 한다.

2. 문장 성분

서술어를 중심으로 문장 성분이 빠진 것이 없는지 살펴보아야 한다. 영어와 마찬가지로 한국어도 서술어를 중심으로 문장을 구성하기 때문에 서술어에 따라 문장의 통사적 구성이 달리 나타난다. 다만 영어의 경우는 문장의 위치를 통해서 문장 성분이 어떤지를 보여 주고, 한국어의 경우에는 조사를 통해서 그 체언이 문장에서 어떤 성분인지를 보여 준다.

앞에서 서술어의 주어가 무엇인지 서술어가 미치는 대상이 무엇인지를 살펴보았듯이 우리는 문장을 살펴볼 때 문장에 있는 서술어를 중심으로 살펴보아야 한다.

(16) 유이: 현우야 뭐해?

　　　현우: 나? 지금 나가려던 중이야.

유이: 어디 가는데?

현우: 학교에.

유이: 학교에 간다고?

현우: 그래, 나 학교에 가려고.

위의 예문에서 '유이'의 질문에 '현우'는 "나 지금 나가려던 중이야."라고 답변했다. 그리고 그 답변에 대해 '유이'는 또 다시 '현우'에게 질문한다. 왜 '유이'는 '현우'에게 다시 질문하는가? 그것은 '현우'가 '유이'에게 '유이'의 질문에 필요한 정보를 다 주지 않았기 때문이다. '나가다'라는 서술어는 '마당에 가다, 운동장으로 나가다'처럼 '에, 으로' 등의 조사가 붙는, 장소를 나타내는 정보와 함께 반드시 제시되어야 한다. '나가다'라는 서술어는 문장에서 주어 외에 [에] 또는 [으로]와 함께 나타나는 정보를 요구하는 것이다. 만약 '나가다'라는 서술어를 쓰면서 그와 같은 정보를 청자나 독자에게 제시하지 않으면 서술어에 꼭 필요한 정보가 그 문장에 나타나지 않았기 때문에 청자나 독자는 그것에 대해 궁금해 할 수밖에 없다. 그리하여 그것에 대해 독자나 청자는 다시 필자나 화자에게 질문하게 된다. 만약 '현우'가 처음부터 "나 학교에 가려던 중이야."라고 답변했다면 '유이'는 위에서와 같이 질문하지는 않았을 것이다.

우리는 누군가와 대화하거나 어떤 글을 쓸 때 앞에서 설명한 것과 유사한 일을 경험하게 된다. 즉 필자나 화자는 어떤 정보를 제공했는데 독자나 청자는 필자나 화자가 전하는 의미를 명확하게 받아들일 수 없는 경우이다. 이것은 필자나 화자가 비문법적인 문장을 사용했기 때문에 생긴 의사소통의 단절이라기보다는 필자나 화자가 제공한 문장에서 그 문장에(또는 문장의 서술어에서) 꼭 필요한 정보가 부족했기 때문에 의사소통의 단절이 생긴 것이라 할 수 있다.

독자의 입장에서 문장을 작성하자!

3. 독자(讀者)를 이해시키기 위한 문장 작성

(1) 모든 정보를 제공하라

구어와 문어에는 차이점이 분명하게 있다. 구어는 화자의 대상이 눈앞에 있는 것처럼 분명한 경우가 많다. 그렇지만 문어는 휴대폰 문자나, 카톡 등과 같이 필자의 글을 읽을 대상이 분명하게 정해진 경우를 제외하면 대체로 독자가 불분명한 경우가 많다.

구어의 경우와 같이 청자가 눈앞에 있으면 화자는 의사를 전달하는 과정에서 청자의 반응을 보면서 그때그때 화자가 청자의 반응에 적절하게 대응할 수 있다. 화자의 생각에 화자의 정보가 청자에게 필요 이상의 정보라 생각되면 그 정보를 뺀 채 의사를 전달하고, 의사를 전달하는 과정에서 청자가 모르는 것 같은 인상을 화자가 받게 되거나 또는 청자가 "무슨 말이야?", "무슨 말인지 이해를 못하겠는데?", "미안하지만 다시 얘기해 줄래?"와 같은 반응을 노골적으로 화자에게 보이면 화자는 바로 그 자리에서 발음을 고치거나, 예를 다시 제시하거나, 기존과는 다른 방식으로 정보를 정확하게 전달하려고 노력한다. 화자와 청자의 이러한 노력으로 둘 사이의 의사소통이 원활하게 진행될 수 있다. 한편 청자가 그렇게 의아해하는 상황에서 화자가 그것을 무시한 채 의사를 진행한다면 그들 간의 의사소통은 더 이상 원활하게 진행되기 어렵다.

글이라고 하는 것도 독자가 누군지 필자가 분명하게 알고 있는 상황에서는 그 독자가 갖고 있는 지식의 양이라든가 독자가 궁금해할 만한 요소를 염두에 두고 글을 써 내려갈 수 있다. 하지만 그렇지 않은 경우 즉 독자가 불특정 다수인 경우에는 필자가 그 독자들이 어떤 정보를 어느 정도 갖고 있는지에 대해 가늠하기 어렵다. 그럴 경우에 필자는 가능하면 독자에게 정보를 충실하게 제시해야 한다.

> 문어(文語)에는 모든 정보를 서술어에 맞게 제시해야 한다.

위 (16)의 예문에서 '유이'가 '현우'의 '교복을 입은 모습'을 보고 '현우'의 답변을 들었다면 아마도 '유이'는 '현우'가 지금 '학교에 가는가 보다.'라고 예상할 수도 있을 것이다.

그렇지만 지면으로 위의 내용을 접하게 되면 현우의 그러한 복장이 하나의 정보로 제시되지 않기 때문에 문장에 문장 성분으로 제시해야 한다.

(2) 서술어가 필요로 하는 정보를 확인하라

> **형용사**
> 목적어를 필요로 하지 않는다.
> 예) 크다, 작다, 많다, 등.

> **동사**
> • 타동사(목적어가 필요하다)
> 예) 먹다, 보다, 타다, 등.
> • 자동사(목적어가 필요하지 않다)
> 예) 불다, 내리다, 등.

문장에는 서술어가 주어와 함께 반드시 포함되어야 한다. 그런데 서술어는 그 의미에 따라 문장에서 요구하는 성분이 다르다. 서술어로 나타나는 용언의 한 종류인 형용사의 경우에는 목적어를 요구하지 않는다.

용언의 또 다른 한 종류인 동사는 목적어를 요구하기도 하고, 목적어를 요구하지 않기도 한다. 목적어를 요구한다는 것은 그 서술어가 쓰인 문장에서는 어떤 목적어가 반드시 필요하다는 것을 의미한다.

그런데 또 어떤 동사들은 목적어 이외의 다른 문장 성분을 요구하기도 한다.

(17) 현우**가** 학교**에** 갔다.
(18) 현우**가** 빵**을** 가방**에** 넣었다.

예문 (17)에서 '가다'는 주어 외에 '에'를 요구한다. 이에 비해 예문 (18)에서 '넣다'는 주어 외에 '을', '에'가 동반되는 문장 성분을 요구한다. 다음의 예문 (19)~(21)에서 알 수 있듯이 '전화하다'는 다양한 조사를 요구하기도 한다.

(19) 현우**가** 유이**에게** 전화했다.

(20) 현우**가** 집에/집**으로** 전화했다.

(21) 현우**가** 유이**와** 전화했다.

(3) 문장 성분이 호응하는지 확인하라

우리는 문장을 검토할 때 위의 예문에서 살펴본 바와 같이 누락된 문장 성분은 없는가를 살펴보아야 한다. 또한 한 문장 안에 여러 개의 서술어가 나타날 때 이때 각각의 서술어와 주어가 호응하고 있는가를 살펴보아야 한다.

(22) 무엇을 말하는지 알 수 없다.

→ **필자가** 무엇을 말하는지 **독자는** 알 수 없다.

위의 예문에서 서술어는 '말하다'와 '알다'이다. 이때 '말하다'와 '알다'의 주어가 같은가 다른가에 따라서 의미는 확연하게 달라진다.

(23) 현우는 무엇을 말하는지 알 수 없다.

예문 (23)에서 문장의 맨 뒤에 있는 '알 수 없다'의 주체는 '현우'이다. 이때 '말하다'의 주체는 누구일까?

(24) 현우는 자기가 무엇을 말하는지 알 수 없다.

(=현우는 현우가 무엇을 말하는지 알 수 없다.)

현우는 유이가 무엇을 말하는지 알 수 없다.

현우가 무엇을 말하는지를 유이가 알 수 없다.

다음 예문 (25)는 문법적으로 틀리지 않은 문장이다. 그런데 필자가 무엇을 말하는지 독자는 알 수 없다. 왜냐하면 '발전'이 '무엇에 대한 발전'인지를 필자가 제시하지 않았기 때문이다. 필자가 문장에 정보를 온전하게 제시하지 않은 것이다. 이럴 때 독자들이 이에 대해 궁금해 하는 것은 당연하다.

(25) 현우가 발전에 기여했다.

> 명사, 대명사, 수사 중에는 의미상 관형어를 요구하는 경우가 있다.
> 예 ○○발전
> 의존 명사는 관형어가 필수적이다.
> 예 ~할/한 것

그러므로 예문 (25)에서 '발전'이라는 명사가 제대로 제시되려면 그 '발전'이 어떤 '발전'인지를 부연할 수 있는 설명이 필요하다. 예문 (26)과 (27)에서처럼 관형어가 '발전' 앞에 놓여야 독자에게 정보가 온전하게 전달된다.

(26) 현우가 **경제/학문/과학**(의) 발전에 기여했다.
(27) 현우가 **국민 경제**(의) (건전한) 발전에 기여했다.

다음 예문에서 차이점이 무엇인지 살펴보자.

> A. 정부는 결과에 대해 발표했다.
> B. 정부는 투표 결과에 대해 발표했다.
> C. 정부는 대통령/국회의원 선거 투표 결과에 대해 발표했다.
> D. 정부는 이번 제16대 대통령/국회의원 선거 투표 결과에 대해 발표했다.

4. 발음과 표기와의 관계

문장을 쓸 때 단어 단위에서 오류가 발생하는 경우가 있다. 특히 외국인 학습자가 범하는 오류 중에는 단어의 표기 오류가 큰 비중을 차지하는데 이는 발음과 관련이 있다. 필자가 발음을 잘못해서 그것이 그대로 문장에 나타나는 경우가 많은 것이다. 주지하는 바와 같이 한국어의 단어를 명확하게 표기하려면 기본적으로 발음을 정확하게 하는 것이 필요하다. 왜냐하면 한국어에서의 한글 맞춤법은 소리를 기준으로 하여 이를 표기에 반영하는 것이 원칙이기 때문이다.

> 단어의 표기 오류는 자기 자신의 잘못된 발음과 관련이 있을 수 있다.

  (28) 깊숙이 : 깊숙히

예문 (28)에서 두 개의 표기 중 어느 것이 한글 맞춤법에 맞는지 생각해 보자. 이에 대한 정답은 '깊숙이'이다. 표준 발음이 [깁쑤기]이기 때문이다. 만약 표준 발음이 [*깁쑤키]라면 '*깊숙히'가 옳은 표기가 되었을 것이다.
사이시옷과 관련하여 예를 몇 개 더 들어보자.

> '*'는 잘못된 표기나 발음임을 표시할 때 사용한다.

  (29) 만두국 : 만둣국

예문 (29)에서 어느 것이 옳은 표기인가? 옳은 표기는 '만둣국'이다. 왜냐하면 이것도 [만둗꾹]이 표준 발음이기 때문이다. 만약 표준 발음이 [*만두국]이었다면 이에 대한 표기는 '*만두국'이라고 표기해야 한다.

  (30) 머리말 : 머릿말

예문 (30)에서 옳은 표기는 '머리말'이다. 왜냐하면 이것에 대한 표준 발음이 [머리말]이기 때문이다. 만약 표준 발음이 [*머린말]이었다면 '*머릿말'이라 표기했어야 할 것이다.

주지하는 바와 같이 한글이란 문자는 소리를 기반으로 표기하는 문자이다. 초급 단계의 외국인 학습자는 교재를 표준 발음으로 듣고 그 발음에 대응하는 표기를 눈으로 익힌다. 수업 시간에는 학습자들이 한국어 학습 교재를 눈으로 보면서 큰 소리로 읽기도 한다. 그런데 이런 학습자들이 한국어를 알아듣고 한국어로 말하기 시작하면 한국어 교재를 표준 발음으로 들으려 하지 않는다. 또한 교재를 큰 소리로 읽으려 하지도 않는다. 표준 발음과 그에 대응하는 표기를 제대로 익히지 않은 채 한국어를 자신의 모국어 방식대로 듣고 그리고 그것을 그대로 발음하고 그것을 그대로 표기에 반영하는 경우가 많다. 다시 한 번 강조하지만 한국어의 단어를 정확하게 표기하려면 평소에 한국어를 표준 발음대로 발음하는 습관이 필요하다.

> 한국어의 표준 발음은 (한)국어 사전에 제시되어 있다.

〈국립국어원 표준대사전에서 '깊숙이' 검색의 예〉

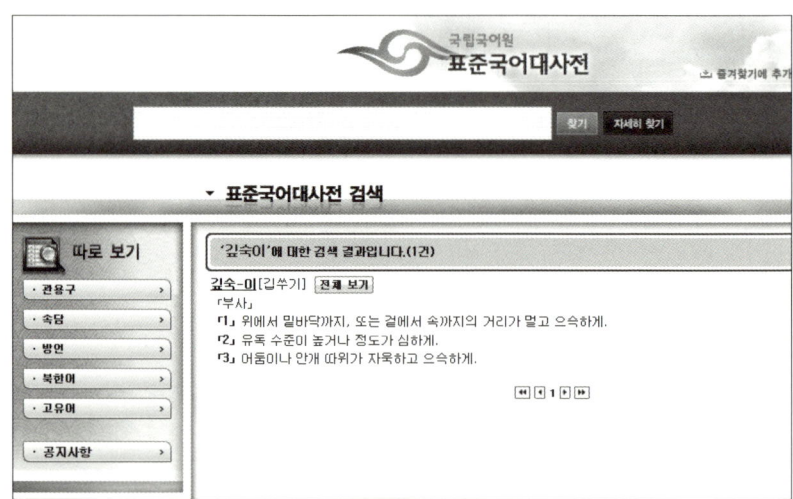

가. 다음은 한국어 학습자들이 글을 쓰는 과정에서 보인 여러 오류를 유형별로 제시한 것입니다. 문장 중에서 틀린 부분을 수정하고 어떤 발음에 문제가 있는지 이야기해 봅시다.

> 여기에서 제시한 예는 오직 발음과 표기와의 관계만을 보여준다. 문장 단위에서의 오류는 여기서 다루지 않는다.

1. 오:우
   (1) 학교에 열심히 공부하지 않고 하루중일 컴퓨터를 하고, 다른 심심한 일을 한다.
   (2) 단속을 심하게 해서 몇 번 반북해서 교통 법규를 위반하는 사람에게는 영구적으로 운전면허를 취소해야 한다.
   (3) 말이 사람들 사이를 오가며 묶어 주는 노릇을 하고, 사람들이 삶의 자취를 문화로 만든다.
   (4) 커페인 있는 음류스를 삼가고 과식하거나 과음하지 않도록 노력해야 한다.
   (5) 이 글은 중국 대학 입학시험의 지역차별을 본석을 하는 데 그 목적이 있다.
   (6) 공부하거나 속제할 때 인터넷의 의존성이 매우 커지게 된다.

2. 어:오
   (7) 꼭 부머님하고 같이 즐거운 여행을 하겠습니다.
   (8) 귀 학교가 저에게 입학의 기회를 준다면 학생들 서러 간의 교류가 많아질 수 있도록 노력하겠습니다.
   (9) 직장에서 회사 전화나 휴대편으로 개인통화를 하는 것은 문제가 있다.
   (10) 지식은 사람들이 사회를 위해 공험하는 기초이다.
   (11) 한국의 솔악산 경치를 좋아해요.
   (12) 친구 옆에 다가 앉아 고기나 술을 먹고나 노래나 게임을 하거나 한다.

3. 어:으

(13) 야단을 많이 치면 아이가 잔소리를 피하려고 그짓말을 하게 된다.

4. ㅉ:ㅊ

(14) 다섯번채 수업 시간에 선생님이나 동료 학우에게 예의를 갖출 필요가 있다.

5. ㅈ:ㅊ

(15) 저는 아르바이틀 하고 나면 숙체하지 싫어져요.

(16) 채주도에 가족과 같이 가고 싶어요.

(17) 치금 그 친구과는 E-mail로 열락을 하고 있다.

(18) 제 생각해 가장 좋은 것은 한국에서 쥐직을 하는 것이다.

6. 음절 말의 ㅇ:ㄴ

(19) 과거에 내가 희만했던 것은 한국에서 공부하는 것이다.

(20) 우리는 대학에서는 어떤 정공을 선택하느냐에 따라 사회에서 생존하는 능력을 달리
    배우게 된다.

(21) 나는 잘 먹는 것으로 건간 관리를 하고 있다.

(22) 여자들은 수익이 많지 않지만 안정된 은행의 전기 적금을 하기를 선호합니다.

(23) 열심히 공부하명 좋은 선적을 받을 수 있다.

7. ㄴ:ㅁ

(24) 저를 전선스럽게 가르쳐 주셨던 부모님한데 짐심으로 감사의 인사를 드리고 싶습니다.

8. ㅅ:ㅆ

(25) 앞으로 취직할 때 친구를 싸귀는 것을 하는데 많은 도움이 된다.

9. ㄱ:ㅇ

(26) 만양 대학에 계신 교수가 조작 같은 일을 하면, 더욱더 파장을 일으키기가 쉽다.

가. 이전에 썼던 글(자기소개서, 가족 중 한 명 쓰기) 중 하나를 골라 그 글 속의 오류를 찾아 봅시다.

나. 찾은 오류를 다음 기준에 따라 분류해 봅시다.

오류 종류	글의 제목
조사 오류	
문장 성분	
발음과 표기	

다. 위의 내용을 토대로 글을 수정하여 보완해 봅시다.

제8과

———

글쓰기 과정의 실제

-글감 '아버지'에 대한 글쓰기 과정 사례-

선생님: 자, 오늘은 '아버지'에 대해서 써 볼까?

학생: 선생님, 저는 '아버지'에 대해서 뭐라고 써야 할지 모르겠습니다.

선생님: 뭐라고 쓰긴 뭐라고 써. 자네가 평상시에 '아버지'에 대해 머릿속에 형성된 이미지를 글로 쓰면 되지.

학생: 어떻게요?

선생님: '아버지'라 하면 자네는 뭐가 떠오르나? 떠오르는 뭔가가 있기는 있나?

학생: 네, 있습니다.

선생님: 다행이네. 이미지가 몇 가지 정도 떠오르지?

학생: 다섯 가지 정도 떠오릅니다.

선생님: 자, 그럼 그것을 공책에 적어 보고, 그 이미지들이 어떻게 묶일 수 있는지 생각해 보게. 하나, 또는 둘, 셋 등등 이미지가 어떻게 좀 묶이는가?

학생: 네, 셋, 하나, 하나로 묶이는 것 같습니다.

선생님: 그럼 셋이라고 한 것을 하나의 큰 이미지로 설명할 수 있겠나?

학생: 네.

선생님: 그럼 세 가지 이미지에 해당하는 각각의 예를 노트에 적어 보고, 개요를 작성해 보게나.

생각해 보기

- 글쓰기 과정대로 글을 쓰고 있는가?
- 주제문이 잘 작성되었고 그 주제문을 뒷받침할 예들이 주제와 부합되는가?
- 글의 서론과 본론에 들어갈 내용은 무엇인가?

1. 글의 구상

아버지나 어머니를 글감으로 글을 써 보자. 일반적으로 학생들은 어머니에 대해서 글을 쓰겠다고 하는 것 같다. 물론 그렇지 않은 학생도 있다. 어떤 학생이 아버지에 대해서 글을 쓰겠다고 한다. 그 학생의 어머니는 돌아가셨고 이제 아버지만 계시는데 고향에 홀로 계신 아버지가 많이 생각이 난다고 한다. 그 학생은 아버지에 대한 그리움이 많기는 하지만 실상 지금부터 자기가 자신의 아버지에 대해 글을 쓰려고 하니 너무 막막하다며 석상(石像)처럼 굳은 채 걱정의 눈빛으로 자신의 주위를 둘러보고만 있다. 이러한 상황은 누구에게나 있는 상황이다. 아버지에 대한 글로 무엇을 쓸까? 아버지에 대해 어떻게 쓸까?

먼저 글감에 대해서 내 마음속에, 내 머릿속에 떠오르는 것이 무엇인지 살펴보자. '아버지'라고 할 때 떠오르는 것이 무엇인가 하는 질문을 그 학생에게 던졌다. 물론 앞으로 글을 쓸 때는 스스로 자신에게 이러한 방식으로 질문해야 한다. 그 학생은 아래의 ①을 언급하였다. 선생님은 다시 그 학생에게 질문을 던졌다. '떠오르는 아버지에 대한 이미지가 그것밖에 없는가?' 그 질문에 학생은 ②를 언급했고 선생님의 반복된 질문에 학생은 ③, ④, ⑤와 같이 연속해서 대답하였다.

> 글감에 대해서 나는 얼마나 잘 알고 있는지를 판단한 다음 그것을 하나씩 하나씩 나열하여 정리해 보자.

> 우리가 글의 구상 단계에서 이런저런 것들을 메모할 때 띄어쓰기를 포함하여 한글 맞춤법, 어휘 선택 등이 틀릴 수 있다. 글의 구상 단계에서는 이러한 것들에 대해 맞았는지 틀렸는지 일일이 확인하지 않는다. 떠오른 생각을 가급적 신속하게, 잊어버리기 전에 많이 메모하는 것이 중요하다.

---

① 술을 많이 먹는다
② 음식을 맛있게 하신다.
③ 옷을 우리를 위해서 잘 만들어 주셨다.
④ 낚시를 즐기셨다.
⑤ 술 주정이 많았다.

〈학생의 글〉

현재 그 학생이 언급한 몇 가지의 사항만을 두고 볼 때, 그 학생은 '아버지'에 대해 최소한 다섯 가지의 이미지를 갖고 있는 셈이다. 그 학생은 '아버지'를 글감으로 생각해서 위의 다섯 가지 내용을 모두 글로 쓸 것인지 아니면 그중 일부만을 선택해서 글로 쓸 것인지 그리고 무엇을 일부로 선택할 것인지를 결정해야 한다. 그런데 이러한 선택을 결정하기 전에 그 학생이 이 다섯 가지의 내용을 글로 다 쓸 수 있는지 확인할 필요가 있다. 즉 위의 다섯 가지 내용과 관련한 구체적인 사례를 지금 제시할 수 있는지를 따져 보아야 하는 것이다.

그리하여 각 번호에 맞는 추가의 정보 즉 구체적인 사례에 어떤 것들이 있는지 각 번호 밑에 제시하게 했다. 그 학생은 각 번호에 맞는 여러 구체적인 사실을 각각의 해당 내용에 맞는 번호 아래에 넣었다.

---

① 술을 많이 먹는다

아버지께서 매일매일 술을 마셨다. 개인 사업을 하셨기 때문에 돈 많이 벌고 친구들도 많았다. 정확히 무슨 사업을 하셨는지는 잘 모르겠지만 돈을 많이 벌었다. 그래서 집에 있는 시간보다 친구들과 술 먹는 시간이 많았다.

② 음식을 맛있게 하신다.

어머니가 안 계시는 동안에 아버지께서 맨날 음식을 만들어 주셨다.

군만두; 소고깃국; 찐만두; 볶음밥; 그 음식들이 만두 같은 경우에는 모양을 예쁘게 만들었다. 접시에 예쁘게 담았었다.

> 음식이 어떤 음식인지 질문한 후에 메모한 것이 '군만두, 소고깃국, 찐만두, 볶음밥' 등이었다.

③ 옷을 우리를 위해서 잘 만들어 주셨다.

아버지께서 어렸을 때 동생과 우리를 위해 예쁜 옷을 많이 만들어 주셨다. 크고 작은 옷도 수선 해서 예쁘게 만들었다.

④ 낚시를 즐기셨다.

　　집에 있는 시간이 줄어들고 친구들과 낚시를 자주 즐기셨다. 어머니와 싸움을 매일 하기 때문에 집에 있기 싫었을 것 같다. 그래서 친구들과 시간 보내면서 낚시를 많이 좋아하시게 된 것 같다.

⑤ 술 주정이 많았다.

　　어머니를 때리셨다. 어머니와의 싸이가 나빴지면서 술 먹고 볼때마다 술주정을 하셨다. 술 먹고 들어 왔을 때 어머니가 몇 마디 하면 아버지께서 때리셨다. 아빠의 잦은 술자리 도박 등을 어머니께서 반대 하시고 아빠에게 나쁜 말을 많이 하셨다.

〈학생의 글〉

　　위의 내용을 토대로 판단해 보면 위의 내용 중 어느 것을 가지고 글을 쓰더라도 어느 정도 분량의 글을 쓸 수 있을 것 같다는 생각이 든다. 그 정도로 구체적인 사례들이 잘 제시되었다. 오히려 위의 내용을 모두 글로 쓰게 되면 글의 분량이 제법 많아질 것이라는 걱정도 생긴다. 이때 우리가 결정해야 할 점은 앞에서 언급한 바와 같이 무엇을 어떻게 선택할 것인가이다.

　　위의 내용은 아버지에 대한 좋은 기억과 나쁜 기억 모두를 포함하고 있다. 글이라고 하는 것은 독자를 항상 염두에 두어야 한다. 그렇다면 이 글은 누군가가 읽게 될 글이라는 것이다. 그리하여 선생님은 그 학생에게, 자기의 아버지에 대해서 나쁜 기억을 글감으로 선택하는 것이 좋을지, 아니면 좋은 기억을 글감으로 선택하는 것이 좋을지, 아니면 어떤 목적 의식을 가지고 아버지의 좋은 기억과 나쁜 기억을 좀 섞어서 그것을 글감으로 선택하는 것이 좋을지를 질문하였다.

　　그 학생은 이왕이면 자기 아버지에 대해서 좋은 것만을 글로 쓰고 싶다고 했다. 그러한 것을 기준으로 글에 쓸 항목을 선택하기로 결정한 다음, 위의 ①~⑤ 중에 좋은 기억만 일단 추려 보았다. 그 결과, 위의 내용 중 ②와 ③을 가지고 글을 쓰기로 결정하였다.

② 음식을 맛있게 하신다.
③ 옷을 우리를 위해서 잘 만들어 주셨다.

여기서 우리가 판단해야 할 것은 ②만 가지고 글을 쓸 것인가 아니면 ③만 가지고 글을 쓸 것인가 하는 점이다. 위의 내용으로 보아서는 어느 하나만을 가지고 글을 쓰게 되면 글의 분량이 나오지 않을 것으로 판단하였다. 그리하여 ②와 ③을 묶어서 하나의 글로 쓰기로 하였다.

그런데 ②와 ③을 하나로 묶어서 글을 쓸 경우 주제는 어떻게 할 것인가 하는 문제점이 남아 있다. ②나 ③은 그 자체가 하나의 주제문으로 각각 선정되어도 큰 문제가 없겠지만 ②와 ③을 묶어서 하나의 공통된 주제문으로 글로 작성할 경우에도 글의 일관성, 글의 연계성 등에서 좋은 글이 될 수 있을 것으로 보였다.

가. '나의 좌절과 성공'이라는 글감으로 글을 쓰기 위하여 구상하고 메모해 봅시다.

- 아주 사소한 것에 대한 좌절에 대해 생각해 봅시다.
- 메모한 내용을 중심으로 주제를 찾아봅시다.
- 주어진 자료를 보면서 느끼는 중심 생각을 한 문장(주제문)으로 작성해 봅시다.
- 그 주제문이 참신한지 아니면 진부한지 생각해 봅시다. 그리고 그 주제가 진부한 것이라면 독자가 참신한 것으로 인식할 수 있도록 내용을 구성해 봅시다.

좌절 사례	성공 사례
1.	1.
2.	2.
3.	3.
4.	4.
5.	5.
6.	6.
7.	7.

주제:

나. '가'에서 작성한 '좌절과 성공' 사례에 대한 나의 대처법에 대해 메모해 봅시다.

좌절 사례 제시하기	극복 노력 (좌절의 공통점 찾기 및 좌절의 원인 분석하기)	성공 사례 제시하기	성공 요인 찾기

주제:

위의 내용에서 좌절의 원인을 찾아보자. 우리가 그 원인을 없앨 수 있다면 앞으로 우리에게 기쁜 일들이 좀 더 많아지지 않을까?

• 주제문을 작성하기 전에 또는 그 후에라도, 위의 내용을 토대로 성공과 실패의 내용이 서로 연관되어 있는지 연관되어 있지 않은지 살펴봅시다. 또한 위의 내용을 토대로 글을 쓸 때, 두 내용이 연관되는 것이 글을 쓰기에 좋은지, 연관되지 않는 것이 글을 쓰기에 좋은지 살펴봅시다.

다. '나'에서 메모한 내용 중 가장 인상적인 경험에 대해 서로 이야기를 하여서 주제를 구체화합시다.

2. 주제문 작성

학생이 글감으로 선택한 아래 ②와 ③의 공통된 이미지는 무엇일까?

> ② 음식을 맛있게 하신다.
> ③ 옷을 우리를 위해서 잘 만들어 주셨다.

그 학생은 '가정적'이라는 단어를 떠올렸다. 그리하여 '아버지'를 글감으로 글을 쓰기 위해 우리는 주제문으로 '우리 아버지는 가정적이신 분이다'로 정했다. 이를 토대로 개요를 작성하였다.

3. 개요 작성

> 주제문: 우리 아버지는 가정적인 사람이었다.
>
> 개요
> 우리 아버지는 가정적이신 분이다.
> ② 음식을 맛있게 하신다.
>   - 어머니가 안 계시는 동안에 아버지께서 멘날 음식을 만들어 주셨다.
>   - 군만두, 소고깃국, 찐만두, 볶음밥, 그 음식들이 만두 같은 경우에는 모양을 예쁘게 만들었다. 접시에 예쁘게 담았었다.
> ③ 옷을 우리를 위해서 잘 만들어 주셨다.
>   - 아버지께서 어렸을 때 동생과 우리를 위해 예쁜 옷을 많이 만들어 주셨다. 크고 작은 옷도 수선 해서 예쁘게 만들었다.
>
> 〈학생의 글〉

개요를 작성할 때 주제에 벗어나는 자료는 과감하게 버린다.

글의 시작부터 곧바로 나의 아버지가 어떻다는 것을 밝히고 시작하는 것이 좋다고 판단하여 글을 쓰기로 하였다. 그리고 나의 아버지가 '가정적'임을 구체적으로 드러내기 위해 또는 아버지가 가정적이라는 근거로 ②, ③을 제시하기로 하였다. '아버지'가 음식을 만드는 일이 비교적 일반적인 내용이라는 점과 이에 대해 쓸 내용이 많다는 점을 고려하여 ③에 앞서 ②를 제시하고, '아버지'가 옷을 만드는 일은 좀 특별한 일이므로 ②의 뒤에 ③을 배치하는 것이 좋겠다고 판단하여 이와 같은 순서로 개요를 작성하였다. 사실 여기서는 ②와 ③의 순서를 바꾼다고 해도 그 순서의 변화로 어떤 의미가 특별히 바뀌지는 않을 것이므로 큰 고민 없이 이들의 순서를 정했다.

○. 나의 좌절과 성공이라는 글감으로 글을 쓰기 위한 주제문을 작성하고 이를 토대로 개
요를 작성해 봅시다.

 – 주어진 자료를 보면서 느끼는 중심 생각을 한 문장(주제문)으로 작성해 봅시다.
 – 그 주제문이 참신한지 아니면 진부한지 생각해 봅시다. 그리고 그 주제가 진부한 것이라
면 독자가 참신한 것으로 인식할 수 있도록 내용을 구성해 봅시다.

- 주제문을 작성할 때에는 가급적 구체성이 드러나도록 작성해 봅시다.
- 주제문을 다 작성하였다면 이제 개요를 작성해 봅시다.
- 개요를 작성할 때 내용을 어떻게 배열할 것인지 생각해 봅시다.

① 글의 제목:
② 글의 주제문:
③ 글의 개요(또는 구성):

4. 초고 작성

〈개요〉

> 주제문: 우리 아버지는 가정적인 사람이었다.
> 개요
> 우리 아버지는 가정적이신 분이다.
> ② 음식을 맛있게 하신다.
>   - 어머니가 안 계시는 동안에 아버지께서 멘날 음식을 만들어 주셨다.
>   - 군만두; 소고깃국; 찐만두; 볶음밥; 그 음식들이 만두 같은 경우에는 모양을 예쁘게 만들었다. 접시에 예쁘게 담았었다.
> ③ 옷을 우리를 위해서 잘 만들어 주셨다.
>   아버지께서 어렸을 때 동생과 우리를 위해 예쁜 옷을 많이 만들어 주셨다. 크고 작은 옷도 수선 해서 예쁘게 만들었다.
>
> 〈학생의 글〉

〈초고〉

>   우리 아버지
>   @우리 아버지는 가정적인 분이다. 동생하고 우리를 위해 맛있는 음식을 만들어 주시고 옷도 만들어 주셨습니다.#_1 가끔 어머님께서는 1주일에서 한달 동안 집을 비우시기는 하셨는데 그때 아버지께서 우리를 위해 하루에 2번씩이나 음식을 만들어 주셨습니다. 맛도 있지만 모양도 아주 먹음직스러웠다.특히 군만두를 잘 만드셨고 모양도

아주 예뻤습니다. 군만두를 만든 날에는 주방 옆에서 동생하고 나는 아빠를 바라보며 빨리 군만두 달라고 때 쓰고는 했었다.

#_2 어렸을 때 예쁜 옷이 많이 없었던 시절에 러시아서 공부하다 온 아빠는 우리 옷을 직접 예쁘게 만들어 입혔던 기억이 아직도 생생합니다. 어린이집에 가면 선생님 하고 애들이 우리 옷에 관심을 가져주고 어디서 샀는지를 물어보곤 했었다. 크고 작은 옷도 수선 해서 우리에 잘 맞게 만들어 주셨다. $ 그때 당시 아빠들과 달리 우리 아빠는 엄마가 안 계셔도 우리를 잘 돌 보시고 신경 쓰시는 가정적인 사람이였습니다.

〈학생의 글〉

5. 문단 퇴고

이 글에서 @는 서론, #_1, #_2 등은 본론, $은 결론으로 이들을 형식에 맞게 배치하는 것이 좋을 것이다. 형식적으로 서론, 본론 그리고 결론이 무엇인지를 독자에게 보여주는 것이다. 그리하여 위의 글을 서론, 본론, 결론 등의 형식에 맞게 편집하면 다음과 같다.

이때 위의 내용을 A안과 B안으로 형식화하여 비교하면 다음과 같다.

> 문장의 첫 시작은 한 칸을 띄고 시작한다.
> ('흔글'이란 프로그램에서는 이를 '들여쓰기'라 한다.)

비고	A안	B안
구성	@ #_1 #_2 $	@ #_1 #_2 $

A안) 우리 아버지

@우리 아버지는 가정적인 분이다. 동생하고 우리를 위해 맛있는 음식을 만들어 주시고 옷도 만들어 주셨습니다.

#_1 가끔 어머님께서는 1주일에서 한달 동안 집을 비우시기는 하셨는데 그때 아버지께서 우리를 위해 하루에 2번씩이나 음식을 만들어 주셨습니다. 맛도 있지만 모양도 아주 먹음직스러웠다. 특히 군만두를 잘 만드셨고 모양도 아주 예뻤습니다. 군만두를 만든 날에는 주방 옆에서 동생하고 나는 아빠를 바라보며 빨리 군만두 달라고 때 쓰고는 했었다.

#_2 어렸을 때 예쁜 옷이 많이 없었던 시절에 러시아서 공부하다 온 아빠는 우리 옷을 직접 예쁘게 만들어 입혔던 기억이 아직도 생생합니다. 어린이집에 가면 선생님 하고 애들이 우리 옷에 관심을 가져주고 어디서 샀는지를 물어보곤 했었다. 크고 작은 옷도 수선 해서 우리에 잘 맞게 만들어 주셨다.

$ 그때 당시 아빠들과 달리 우리 아빠는 엄마가 안 계셔도 우리를 잘 돌 보시고 신경 쓰시는 가정적인 사람이였습니다.

B안) 우리 아버지

@우리 아버지는 가정적인 분이다. 동생하고 우리를 위해 맛있는 음식을 만들어 주시고 옷도 만들어 주셨습니다.

#_1 가끔 어머님께서는 1주일에서 한달 동안 집을 비우시기는 하셨는데 그때 아버지께서 우리를 위해 하루에 2번씩이나 음식을 만들어 주셨습니다. 맛도 있지만 모양도 아주 먹음직스러웠다. 특히 군만두를 잘 만드셨고 모양도 아주 예뻤습니다. 군만두를 만든 날에는 주방 옆에서 동생하고 나는 아빠를 바라보며 빨리 군만두 달라고 때 쓰고는 했었다. #_2 어렸을 때 예쁜 옷이 많이 없었던 시절에 러시아서 공부하다 온 아빠는 우리 옷을 직접 예쁘게 만들어 입혔던 기억이 아직도 생생합니다. 어린이집에 가면 선생님 하고 애들이 우리 옷에 관

심을 가져주고 어디서 샀는지를 물어보곤 했었다. 크고 작은 옷도 수선 해서 우리에 잘 맞게 만들어 주셨다.

$ 그때 당시 아빠들과 달리 우리 아빠는 엄마가 안 계셔도 우리를 잘 돌 보시고 신경 쓰시는 가정적인 사람이였습니다.

'아버지'를 글감으로 해서 A안으로 문단을 구성하는 것이 '우리 아버지는 가정적이시다'란 주제를 드러내 놓는 데 유리한 것인지, 아니면 B안으로 문단을 구성하는 것이 이 글의 주제를 드러내놓는 데 유리한지를 검토한 후 그것을 그대로 편집에 반영하면 된다.

가. 각자 작성한 '나의 좌절과 성공'의 개요를 검토해 봅시다.

- 이 개요는 주제가 잘 드러나는 구성으로 작성하였는가?
- 각각의 문단은 주제를 뒷받침할 만한 문단으로 구성하였는가?
- 각각의 문단에는 주제를 뒷받침할 만한 구체적인 예들은 포함하였는가?
- 이 개요를 훑어보았을 때 내용의 전체 흐름이 매끄러운가?

나. 자신이 검토한 개요를 중심으로 초고를 써 보도록 합시다.

다. 자신이 쓴 초고를 독자의 입장에서 살펴봅시다.

- 문단 중심으로 주제가 잘 드러나는가?
- 하나의 문단을 둘 이상으로 나눠야 할 문단이 있는가? 그 이유는 무엇인가?
- 둘 이상의 문단을 하나의 문단으로 합쳐야 할 문단이 있는가? 그 이유는 무엇인가?
- 주제를 잘 드러내기 위해서 없애야 하는 문단이 있는가? 그 이유는 무엇인가?
- 주제를 잘 드러내기 위해서 보충해야 하는 문단이 있는가? 그 이유는 무엇인가?

6. 문장 퇴고

우리 아버지는 …… 분이다. …… 동생하고 …… 만들어 주셨습니다.

문제점 이 두 문장만 비교해 보면 서술어의 존대법이 맞지 않는다. 이 두 문장의 존대법이 맞으려면 '분입니다, 만들어 주셨습니다'가 되거나 '분이다, 만들어 주셨다'로 맞추어야 한다. 글에서의 상대 존대법은 '해라체'이다. 그러므로 '분이다, 만들어주셨다' 등으로 통일해야 한다.

수정 후 우리 아버지는 ……분이다. …… 동생하고 …… 만들어주셨다.

> 상대 존대법은 크게 격식체와 비격식체로 나뉜다. 비격식체에는 '해체', '해요체'가 있고 격식체에는 '해라체, 하게체, 하오체, 합쇼체' 등이 있다. 문장에서는 기본적으로 서술어를 '해라체'로 사용한다.

동생하고 우리를 위해 맛있는 음식을 만들어 주시고 옷도 만들어 주셨습니다.

문제점 '우리'에 이미 '동생'이 포함되어 있으므로 '동생하고'를 삭제하거나 아니면 '동생하고 나를 위해'로 수정하는 것이 좋다. 또한 한 문장 안에 동일한 서술어가 두 개가 있을 때에는 앞에 있는 서술어를 삭제하는 것이 일반적이므로 '음식과 옷을 만들어 주셨다.'로 수정하는 것이 좋다. 마지막으로 음식과 옷을 만든 사람은 '아버지'이지만 현재 이 문장에서는 주어가 빠져 있다. 그러나 이 문장 바로 앞의 문장에서의 주어도 '아버지'이기 때문에 그 주어가 이 문장까지 영향을 미친다고 보아 이 문장에서는 주어인 '아버지'를 사용하지 않아도 된다.

수정 후 (아버지는) 우리를 위해 맛있는 음식과 옷을 만들어 주셨다.

#_1 가끔 어머님께서는 1주일에서 한달 동안 집을 비우시기는 하셨는데 그때 아버지께서 우리를 위해 하루에 2번씩이나 음식을 만들어 주셨습니다.

문제점 보통 자기 자신의 어머니를 높일 때 '어머님'이라고 하지 않는다. 즉 필자의 어머니께서 현재 살아 계시면 '어머님'을 '어머니'로 수정해야 한다. 그런데 필자의 어머니는 현재 돌아가신 상태이다. 돌아가신 자기의 어머니에 대해 '어머님'이라고 지칭하는 것은 틀린 것이 아니다.

문제점 '한달'은 '한 달'로 수정해야 한다. 왜냐하면 여기서의 '달'은, 한국어사전을 찾아보면 관형어를 요구하는 '의존 명사'이기 때문이다. 의존 명사는 앞말과 띄어 쓴다.

> '의존 명사'는 앞말 즉 관형어와 띄어 써야 한다.
> 예 한 달, 두 달, 한 주, 한 개, 두 개, 한 번, 세 번 등.

문제점 '집을 비우시기는 하셨는데'는 '집을 비우셨는데' 또는 '집을 비우시는 경우가 있었는데' 등으로 수정한다. 이렇게 고쳤을 경우에도 독자의 입장에서 이 문장을 보면 어머니께서 왜 집을 비우셨는지에 대해 독자가 궁금해 할 수 있다. 그럴 경우에는 아래에서와 같이 그 문장 앞에 부사어(예: '집안 사정상')를 넣어 주는 것이 좋겠다.

수정 후 가끔 어머님께서는 집안 사정상 1주일에서 한 달 동안 집을 비우시는 경우가 있었는데 그때 아버지께서는 우리를 위해 하루에 2번 정도 음식을 만들어 주셨다.

맛도 있지만 모양도 아주 먹음직스러웠다.

문제점 '맛이 있다'와 '먹음직스럽다'의 주어가 문장에 있는 것이 좋겠다.

수정 후 그 음식은 맛도 있지만 모양도 아주 먹음직스러웠다.

특히 군만두를 잘 만드셨고 모양도 아주 예뻤습니다.

문제점 한 문장 안에 서술어가 '만드셨고, 예뻤습니다' 등 두 개가 있는데 이들의 주어는 다르다. 그러므로 각 서술어에 해당하는 주어를 제시해야 한다. 서술어 '예뻤습니다'의 주어는 '모양'이므로 '만드셨고'에 대한 주어만 문장에 제시하면 된다. '모양'은 의미상 '군만두'의 모양이므로 그 내용을 관형어로 문장에 넣어 주는 것이 좋을 듯하다. 그렇지만 한 문장 안에 '군만두'가 두 번 들어가 중복된다는 점에서 뒤의 '군만두'를 지시 대명사 '그것'으로 표현하는 것이 더 좋을 것이다.

수정 후 특히 우리 아버지는 군만두를 잘 만드셨고 모양도 아주 예뻤다.

수정 후 특히 우리 아버지는 군만두를 잘 만드셨고 그 군만두의 모양도 아주 예뻤다.

수정 후 특히 우리 아버지는 군만두를 잘 만드셨고 그것의 모양도 아주 예뻤다.

군만두를 만든 날에는 주방 옆에서 동생하고 나는 아빠를 바라보며 빨리 군만두 달라고 때 쓰고는 했었다.

문제점 '만든'의 주어인 '아버지'를 문장에 넣으면 좋을 듯하다. 그런데 앞의 문장에서도 '만들다'의 주어가 '아버지'이므로 계속해서 주어를 반복하는 것은 바람직하지 않다.

문제점 '동생하고'의 '하고'는 구어적 표현이다. 글에서는 즉 문어에서는 '동생과'로 표현한다.

문제점 '때 쓰고'는 '떼쓰다'의 잘못이다. '떼쓰다'로 수정해야 한다. 또한 '아빠를 바라보는' 시점이 '아빠가 군만두를 만드는' 시점과 동일하므로 '만든'은 '만드는'으로 수정해야 한다.

수정후 군만두를 만드는 날에는 주방 옆에서 동생과 나는 아버지를 바라보며 빨리 군만두를 달라고 떼쓰고는 했었다.

> 어렸을 때 예쁜 옷이 많이 없었던 시절에 러시아서 공부하다 온 아빠는 우리 옷을 직접 예쁘게 만들어 입혔던 기억이 아직도 생생합니다.

문제점 '어렸을'의 주어가 필요하다. '없었다'의 앞에 '-에'로 끝나는 부사어가 필요하다.

문제점 '러시아서'의 조사 '서'는 조사 '에서'의 준말이다. 준말은 구어적인 느낌을 주므로 '에서'로 고치는 것이 좋다.

문제점 이 글에서는 '아버지'의 행동에 대해 존대하고 있다. 일관성을 지키기 위해 '공부하다 온'에 주체 존대의 선어말어미 '-시-'를 넣는 것이 좋다. 지금처럼 서술어가 두 개인 경우에는 뒤에 있는 서술어에만 '-시-'를 붙이면 된다.

문제점 '입히다'는 '-가 -에/에게 -을 입히다'라는 문형을 가지므로 '우리 옷을 -만들어 입히다'가 아니라 '우리에게 옷을 -만들어 입히다'로 써야 한다. 그리고 이 서술어의 주체는 '아버지'이므로 주체 존대의 선어말어미 '-시-'를 넣어야 한다.

문제점 글의 존대법은 '해라체'이다.

수정후 내가 어렸을 때 몽골에 예쁜 옷이 많이 없었던 시절에 러시아에서 공부하다 오신 아버지는 우리에게 옷을 직접 예쁘게 만들어 입히셨던 기억이 아직도 생생하다.

문제점 문장이 다른 문장보다 길게 느껴지므로 이를 세 개의 문장으로 나눈다. 문장을 나누면서 주부(主部, 주어 부분)에 시간을 나타내는 '때'가 있으므로 술부(述部, 술어 부분)에 '시절에'란 단어가 필요없게 된다.

문제점 '기억이 생생하다'의 주어가 필요하므로 '나는'을 넣는다.

`수정 후` 내가 어렸을 때는 몽골에 예쁜 옷이 많이 없었다. (그때) 러시아에서 공부하다 오신 아버지는 우리에게 옷을 직접 예쁘게 만들어 입히셨다. 나는 그때의 기억이 아직도 생생하다.

어린이집에 가면 선생님 하고 애들이 우리 옷에 관심을 가져주고 어디서 샀는지를 물어보곤 했었다.

`문제점` 서술어 '가면'의 주체 즉 주어를 문장에 표시하면 좋겠다.

`문제점` '하고'는 조사이므로 앞말에 붙여 쓴다. 그렇지만 '하고'는 구어적인 조사이므로 이를 문어적 조사 '와/과'로 바꾼다. 선행하는 체언의 말음이 자음으로 끝나면 '과', 모음으로 끝나면 '와'가 결합한다.(예: 선생님과, 아이와 등)

`문제점` '샀는지'의 '사다'는 타동사이므로 목적어가 필요하다.

`수정 후` 우리가 어린이집에 가면 선생님과 애들이 우리 옷에 관심을 가져주고 그 옷을 어디서 샀는지를 물어보곤 했었다.

크고 작은 옷도 수선 해서 우리에 잘 맞게 만들어 주셨다.

`문제점` '수선 해서'는 '수선해서'로 붙여 써야 한다.

`문제점` 서술어 '만들어 주다'의 주체를 문장에 표시해야 한다.

`수정 후` 아버지는 크고 작은 옷도 수선해서 우리 몸에 잘 맞게 만들어 주셨다.

그때 당시 아빠들과 달리 우리 아빠는 엄마가 안 계셔도 우리를 잘 돌 보시고 신경 쓰시는 가정적인 사람이었습니다.

`문제점` '그때 당시 아빠들과 달리'는 '당시' 다음에 '의'를 넣어 주는

것이 좋다.

문제점 '돌 보다'는 '돌보다'가 사전에 있으므로 '돌보고'로 고쳐야
한다.

문제점 이 문장 역시 한 문장에 '돌보다, 쓰다' 등 두 개의 서술어가
있으므로 두 개 중 뒤의 것에만 주체 존대의 선어말어미 '-시-'
를 넣는다.

문제점 '사람이였다'는 '사람이었다'로 수정해야 한다. '사람+이+었
+다'이기 때문이다. '아버지'는 존대의 대상이므로 '사람'보다는
'분'으로 고치는 것이 좋겠다.

글의 전체, 문단, 문장, 단어 등을 고쳤으면 다시 한 번 독자의 입장에서 읽어 보자.

수정 후 그때 당시의 아버지들과 달리 우리 아버지는 엄마가 안 계
셔도 우리를 잘 돌보고 신경 쓰시는 가정적인 분이었다.

마지막으로 검토해야 할 사항은 위와 같은 검토 과정을 거치면서
수정한 내용이 잘 반영되어 있는지와 편집의 상태는 어떠한지를 살
펴보는 것이다.

문장 단위로 검토하여 문제점을 찾고 그 문제점을 수정하여 반영
한 결과는 아래와 같다. 본문 내용을 살펴보니 어느 때는 '아버지'로
표현하였고 어느 때는 '아빠'로 표현하였음을 알게 되었다. 이를 하
나의 표현으로 고치는 것이 바람직할 것이라 판단하면 어느 쪽으로
표현을 정할 것인지를 정해야 한다. 필자인 학생의 나이가 서른 정도
이고, 서술어에 존대법이 계속해서 반영되어 있으므로 '아빠'보다는
'아버지'라는 어휘로 통일하는 것이 바람직하다고 판단한다. '어머
님'과 '엄마'에 대해서도 일관되게 '어머님'으로 선택한다.

위의 글을 수정한 내용과 수정하기 전의 내용을 비교해 보자는 의
도에서 아래에 두 글을 나란히 제시한다.

수정 전 〈학생의 글〉	수정 후 〈학생의 글〉
우리 아버지 @우리 아버지는 가정적인 분이다. 동생하고 우리를 위해 맛있는 음식을 만들어 주시고 옷도 만들어 주셨습니다.#_1 가끔 어머님께서는 (첨가: 집안 사정상) 1주일에서 한달 동안 집을 비우시기는 하셨는데 그때 아버지께서 우리를 위해 하루에 2번씩이나 음식을 만들어 주셨습니다. 맛도 있지만 모양도 아주 먹음직스러웠다. 특히 군만두를 잘 만드셨고 모양도 아주 예뻤습니다. 군만두를 만드는 날에는 주방 옆에서 동생하고 나는 아빠를 바라보며 빨리 군만두 달라고 때 쓰고는 했었다. #_2 어렸을 때 예쁜 옷이 많이 없었던 시절에 러시아서 공부하다 온 아빠는 우리 옷을 직접 예쁘게 만들어 입혔던 기억이 아직도 생생합니다. 어린이집에 가면 선생님 하고 애들이 우리 옷에 관심을 가져주고 어디서 샀는지를 물어보곤 했었다. 크고 작은 옷도 수선 해서 우리에 잘 맞게 만들어 주셨다. $ 그때 당시 아빠들과 달리 우리 아빠는 엄마가 안 계셔도 우리를 잘 돌 보시고 신경 쓰시는 가정적인 사람이었습니다.	우리 아버지/아빠 @우리 아버지는 가정적인 분이다. 우리를 위해 맛있는 음식과 옷을 만들어 주셨다. #_1 가끔 어머님께서는 집안 사정상 1주일에서 한 달 동안 집을 비우시는 경우가 있었는데 그때 아버지께서는 우리를 위해 하루에 2번 정도 음식을 만들어 주셨다. 그 음식은 맛도 있지만 모양도 아주 먹음직스러웠다. 특히 우리 아버지는 군만두를 잘 만드셨고 그 군만두의 모양도 아주 예뻤다. 군만두를 만드는 날에는 주방 옆에서 동생과 나는 아버지를 바라보며 빨리 군만두를 달라고 떼쓰고는 했었다. #_2 내가 어렸을 때는 몽골에 예쁜 옷이 많이 없었다. (그때) 러시아에서 공부하다 오신 아버지는 우리에게 옷을 직접 예쁘게 만들어 입히셨다. 나는 그때의 기억이 아직도 생생하다. 우리가 어린이집에 가면 선생님과 애들이 우리 옷에 관심을 가져주고 그 옷을 어디서 샀는지를 물어보곤 했었다. 아버지는 크고 작은 옷도 수선해서 우리 몸에 잘 맞게 만들어 주셨다. $ 그때 당시의 아버지들과 달리 우리 아버지는 어머님이 안 계셔도 우리를 잘 돌보고 신경 쓰시는 가정적인 분이었다.

가. 자신이 작성한 '나의 좌절과 성공' 초고를 문장을 중심으로 수정해 봅시다.

> • 조사가 빠지거나 혹은 잘못된 조사를 넣지는 않았는가?
> • 서술어를 중심으로 문장에 필요한 성분이 생략되지는 않았는가?
> • 서술어를 중심으로 주어와 서술어가 호응하고 있는가?
> • 명사, 대명사, 수사에 필요한 관형어가 생략되지는 않았는가?
> • 자기 자신의 발음대로 한글을 잘못 표기하지는 않았는가?

나. 자기 자신이 찾은 문제를 수정하고 보완하여 글을 완성해 봅시다.

다. 완성한 글에 글의 주제가 드러나게 제목을 붙여 봅시다.

가. 완성된 '나의 좌절과 성공' 원고를 친구들 앞에서 발표하거나 과제물로 제출하기 위해서 '아래아 한글'이나 'MS 워드'란 컴퓨터 소프트웨어를 이용하여 자신이 작성한 글을 입력한 후 저장해 봅시다. 저장할 때에는 파일명을 글의 제목처럼 파일의 내용을 알 수 있도록 만들어 봅시다.

나. 입력하고 저장한 파일을 독자가 보기에 좋게 편집한 후 출력해 봅시다.

다. 출력한 내용을 큰 소리로 읽으면서 잘 읽히지 않는 부분을 표시해 두었다가 그 부분이 잘 읽힐 수 있도록 파일을 수정해 봅시다.

라. 파일을 수정한 후 반드시 저장합시다.

제2부

학문 목적 글쓰기

제9과

———

보고서의 구상

학생1: 너 이번 기말 보고서는 무엇에 대해 쓸 거야?

학생2: 나? 나는 이번에 스마트폰 중독에 대해서 쓰려고.

학생1: '스마트폰 중독'에 대해 뭘 쓸 건데?

학생2: 글쎄, 지금, 스마트폰 중독과 관련하여 새로운 정보를 갖고 있지는 않아. 다만 스마트폰을 수업 시간에 사용하는 것에 대해 얼마 전에 친구랑 논쟁을 벌였는데 이 기회에 스마트폰 사용의 장점과 단점에 대해 정보를 수집해 보고, 그중 어느 한 입장에 서서 내 입장이 얼마나 정당한지를 글로 표현해 보려고.

학생1: 그래? 그럼 너는 너의 견해를 주장하는 글을 쓰겠구나. 그렇게 하려면 아무래도 네 입장과는 반대의 입장에서의 주장을 잘 이해해야 할 것 같은데……

학생2: 그래. 맞아. 나와 생각이 다른 사람의 입장에서 그들이 주장하는 근거가 무엇인지를 잘 이해해야 내가 그에 대한 반론을 제시할 수 있겠지. 네가 이런 거까지 신경을 써 주니 고맙다.

생각해 보기

- 대학 보고서의 종류와 글감은 어떻게 부합하는가?
- 보고서의 글감은 어떻게 정하는가?

1. 보고서의 목적과 형식

대학에서 많이 쓰는 글의 하나는 보고서이다. 일반적인 의미의 보고서는 과제, 사업, 연구, 출장, 조사 등을 통해서 어떤 일을 수행한 결과물을 글로 제시하는 것을 말한다. 그리하여 어떤 일을 수행한 후에 과제 보고서, 사업 보고서, 연구 보고서, 출장 보고서, 조사 보고서 등을 작성한다. 그리고 제한적 의미의 보고서는 무엇인가를 객관적으로 관찰하고 이것을 토대로 관찰한 내용을 분석한 결과를 누구에겐가 보고하는 것이다. 그런데 대학에서 말하는 보고서는 이러한 제한적인 의미와는 다르게 폭넓은 의미 즉 학술적으로 쓰는 모든 글쓰기란 의미로 쓰인다. 그러므로 보고서의 작성은 그 글의 목적이 무엇이냐에 따라서 글의 형식과 내용이 달라질 수 있으므로 글의 목적을 분명히 정하고 그 목적에 맞게 보고서의 형식과 내용을 갖추는 것이 중요하다.

우리는 글을 전략적으로 어떻게 읽을 것인가에 대해 학습한 바 있다. 우리가 이미 학습한 바와 같이 우리는 글을 읽을 때 정보를 수집하거나 수용하기 위해 글을 읽고, 때로는 타인의 주장을 듣거나 견해를 파악하기 위해 글을 읽는다. 또한 타인과의 정서를 교류하기 위해 글을 읽기도 한다. 글 읽기의 이러한 전략을 참고할 때 우리는 글쓰기에도 이러한 전략이 필요하다는 생각을 하게 된다. 우리가 독자를 위해 어떤 글을 쓸 것인가를 분명히 정하고 나면 거기에 맞는 형식을 정하고 그 형식에 맞게 글을 전개해야 한다.

쓰기 전략에서 우리가 고려할 수 있는 것은 아래와 같다.

> 우리가 쓰고자 하는 글의 글감이 어떤 목적의 글인지 생각해야 한다.

목적에 따른 글의 형식
① 독자에게 정보를 제공하려는 목적: 설명문, 안내문, 보고문, 기사문 등
② 독자에게 우리 자신의 견해를 주장하려는 목적: 보고서, 논문, 연설문 등
③ 우리의 정서를 독자와 교류하려는 목적: (독서, 영화 등의) 감상문, 소설, 드라마, 시 등

> 글 읽기 전략에는 '친교 목적'이 포함되어 있다. 예 편지, 사과문, 축하 글 등.
> 이 과에서는 '보고서'와 관련된 것이므로 '친교 목적' 관련 글쓰기는 여기에 포함하지 않았다.

대학 보고서의 종류
에는 설명 보고서, 논증
보고서, 분석 보고서, 감
상 보고서 등이 있다.
• 설명 보고서: 객관적
  인 사실을 정의하고
  예를 들어 알려주는
  보고서.
• 논증 보고서: 문제에
  대해 논리적으로 근
  거를 쓰고 주장하는
  보고서.
• 분석 보고서: 실태나
  현황, 실험 등을 조사
  하여 분석한 결과를
  보여주는 보고서.
• 감상 보고서: 문학, 영
  화에 대한 주관적인
  판단의 근거를 쓰는
  보고서.

대학 수업에서 제출하게 되는 보고서의 목적이 무엇인지 생각해 보자. 자신이 제출하려고 하는 보고서의 작성 목적은 독자에게 정보를 제공하고자 하는 것인가, 아니면 자신의 견해를 독자에게 주장하거나 피력하고자 하는 것인가, 아니면 정서를 교류하고자 하는 것인가? 이 중 어느 것에 해당하는지 생각해야 한다.

우리가 어떤 것을 하나의 글감으로 정하게 되면 그 순간부터 우리의 글이 어떤 목적의 글이 될 것인가가 자동으로 정해지는 경우가 많다. 우리가 이전에 흔히 다루었던 세 가지 글감('한국어 학습 방법', '스마트폰 중독', '외모지상주의')을 예로 들어 글감과 글의 목적이 어떻게 부합할 수 있는지를 살펴보도록 하자.

'한국어 학습 방법'을 글감으로 보고서를 작성하고자 할 때 우리는 이 글감으로는 '정보 제공'과 '견해 주장'의 목적으로 글을 쓸 수는 있으나 '정서 교류'를 목적으로 글을 쓰기란 쉽지 않다는 것을 알 수 있을 것이다.

'한국어 학습 방법'을 글감으로 정한 경우

① 정보 제공: 어떤 방법으로 한국어를 학습하는 것이 한국어를 쉽게, 정확하게, 빠르게 배울 수 있는가에 초점을 맞춘다.

② 견해 주장: 한국어 학습에는 A부터 C까지 여러 방법이 있을 수 있다. 그런데 어떤 이는 A 방법이 한국어를 배우는 데에 더 효과적이라고 주장하는가 하면 또 어떤 이는 B가 더 효과적인 방법이라고 주장할 수 있다. 그리고 또 어떤 이는 C가 그중 가장 효과적인 방법이라고 주장한다. 이럴 때 우리는 그중 어느 하나를 골라 그것이 한국어를 학습하는 데에 더 효과적이라고 주장할 수 있다. 또 경우에 따라서는 A에서 C까지 방법이 아닌 새로운 학습 방법을 하나의 방안으로 제시할 수도 있다.

③ 정서 교류: '한국어 학습 방법'을 '정서 교류'의 목적으로 글감을 선택하기란 쉽지 않다.

한편 글감으로 '스마트폰 중독'을 선택하였다면 '정보 제공'이란

목적으로 글을 쓸 수는 없을 것으로 보인다. 왜냐하면 '스마트폰의 중독'과 관련한 일반적인 정보가 사람들에게 이미 널리 인식되어 있거나, 사람들이 그러한 정보를 잘 접하지 않았더라도 그들이 실제 경험상으로 '스마트폰 중독'과 관련한 정보가 무엇인지 인지할 수 있기 때문이다. 다만 우리가 그동안 알지 못했던 중요한 정보가 여기에 새로이 제시될 수 있다면 우리는 그 새로운 정보를 독자에게 제공할 목적으로 '스마트폰 중독'을 글감으로 하여 글을 쓸 수 있다.

'스마트폰 중독'으로는 정서 교류의 목적으로 글을 쓰기란 쉽지 않다. '스마트폰의 효율적 사용, 스마트폰 중독 예방법'과 같은 주제라면 '정보 제공'이란 목적으로 글을 쓸 수 있다. 또 이와 같은 내용을 소개하는 책에 대해서 그것을 다른 사람에게 소개하려는 목적으로 글을 쓰는 것이라면 이것 역시 정보 제공의 목적으로 그 글감을 선택할 수 있다.

하지만 '스마트폰 중독'은 오히려 '견해 주장'에 적합한 글감이다. 왜냐하면 '스마트폰의 사용'이 일상생활에서 편리함을 준다는 의견과, 이와는 달리 스마트폰의 사용이 우리에게 편리함을 주기보다 손해를 입히는 경우가 더 많다는 의견이 서로 팽팽하게 대립될 수 있기 때문이다. 만약 이렇게 서로 다른 두 의견이 팽팽하게 맞서지 않는다면 '견해 주장'의 목적으로 이 글감을 사용하기란 쉽지 않다. 다만 한쪽의 주장이 강한 상태에서 그 주장을 뒤집을 만한 새로운 이론이 등장하거나 또는 어떤 새로운 근거들이 등장하게 되면 이것을 토대로 하여 '스마트폰 중독'에 대해서 글을 쓸 수 있다.

'외모지상주의'는 '정보 제공'의 목적으로는 어떤 특별한 내용의 글이 나오기 어려울 것 같다. "'외모지상주의'는 한국 사회에서 일종의 병폐 현상이다"와 "아니다" 등을 논하는 '견해 주장'에 적합한 글로 보이나 기타 '정보 제공'이나 '정서 교류'의 목적으로 글을 쓸 글감으로 적합해 보이지 않는다.

우리가 제출할 보고서의 글감이 독자에게 정보를 제공하기 위한 것인지 아니면 어떤 견해를 주장하기 위한 것인지 생각해 보자.

2. 보고서의 글감 정하기

우리가 보고서 작성의 목적을 정하려면 주제문을 정해야 하는데 그것이 생각보다 쉽지 않다. 이미 우리는 우리가 어떤 글을 쓰려면 그것에 대해 잘 알아야 한다는 것을 앞에서 배운 바 있다. 우리가 보고서를 잘 쓰려면 역시 그 대상에 대해 잘 알아야 한다. 우리가 잘 알고 있는 것이 무엇일까?

보고서를 쓸 때 즉흥적으로 떠오르는 글감을 보고서의 글감으로 선택하는 경우가 있다. 그러한 글감들은 대체적으로 추상적이고 남들도 이미 잘 알고 있는 것들이 많다. 그러므로 즉흥적으로 떠오른 글감으로 보고서를 쓰려면 그 글감을 다각도로 검토하는 과정이 필요하다. 이제 이에 대해 구체적으로 살펴보도록 하자.

우리는 우리가 알고 있는 것이 무엇일까를 고민하다가 어떤 단어나 구를 떠올리기 쉽다. 보고서를 쓰기 전에 보고서에 대해서 주제문을 결정해야 하는데 그 주제문이 떠오르기 전에, 주제문이 아닌 글감이 떠오르는 경우가 많은 것이다. 이것은 매우 자연스러운 현상이다. 그런데 여기에 두 가지의 문제점이 생길 수 있다. 첫째는 이렇게 갑자기 떠오른 글감인 단어나 구가 매우 포괄적인 개념일 경우가 많다는 점이다. 둘째, 갑작스럽게 떠오르는 글감들은 그것이 비교적 구체적인 개념을 지닌 단어나 구라고 하더라도 그 글감으로 쓴 주제문은 남들도 이미 알고 있는 내용일 가능성이 높다고 할 정도로 일반적인 것들이라는 점이다.

우리는 이렇게 떠오른 글감이 포괄적인 개념의 단어나 구일 때 이를 주제문으로 바꿀 수 있을까 그리고 이것을 주제문으로 바꿀 수

즉흥적으로 떠오른 글감에 대해 우리는 의심하듯 스스로에게 여러 방면으로 무엇인가를 질문하고, 그 질문에 대해 답을 스스로 구하기 위해 다양한 각도에서 정보를 수집하고 그것을 읽고 분석해야 한다. 그리고 그러한 질문과 답변들을 통하여 스스로가 답을 구해야 한다.

있다고 하더라도 그것이 우리가 알고 있는 것이고 또 이미 남도 잘 알고 있는 것이라면 우리는 그것을 굳이 보고서로 쓸 필요가 있을까에 대해 생각해 볼 필요가 있다. 결론적으로 말하자면 즉흥적으로 떠올린 글감 그대로를 보고서로 쓸 수 있을 가능성은 그리 높지 않다. 그런 글감으로 글을 쓴다고 하더라도 좋은 보고서가 나올 가능성이 그리 높지도 않다. 그러면 어떻게 해야 하는가? 우리가 보고서를 작성할 때 글감을 정하고 그 글감과 관련하여 주제문을 작성할 때 글감의 범위부터 좁히는 작업을 선행해야 주제문을 구체적으로 작성할 수 있다. 이에 대해서는 다음 제10과에서 살펴보기로 한다.

즉흥적으로 떠오른 어떤 글감이 이미 남들도 알고 있을 만한 내용일 때 우리는 이 글감을 보고서로 쓸 필요가 있는가 아니면 글감을 바꾸어야 할 것인가? 이에 대해 우리가 어떻게 대처해야 하는가에 대해 살펴보자.

> 즉흥적으로 떠오른 글감이 있다면 이 글감의 범위를 최대한 좁혀야 한다.

선생님: 자네는 이번 기말 보고서 뭘 쓸 것인가?

학생: 네. 저는 쓰촨 성(四川省)의 음식에 대해서 쓸 것입니다.

선생님: 응? 쓰촨 성 음식이 맵다는 특성 말고 다른 게 또 있어?

학생: 아뇨, 없는데요.

선생님: 그럼 그것을 왜 보고서의 주제로 쓰나? 쓰촨 성 음식이 맵다는 특성을 음식에 대해 잘 모르는 나조차도 이미 알고 있는데. 만약 쓰촨 성 음식이 맵다는 것에 대해 자네가 보고서로 글을 쓰고자 한다면 나는 그것을 말릴 것일세. 그런데 쓰촨 성 음식에 대해서 꼭 글을 써야 한다면 다음과 같은 경우는 괜찮네. 예를 들어 나처럼 대부분의 사람들이 쓰촨 성의 음식이 맵다고 인식하고 있을 때 '그러한 인식은 잘못된 것이다'를 알리기 위해서 쓰촨 성 음식을 글감으로 글을 쓸 수 있다네. 즉 그동안에 쓰촨 성 음식은 맵다고 알려졌는데 그 음식의 재료를 분석해 본 결과 또는 그동안의 쓰촨

성 음식의 평가를 면밀하게 분석한 결과 그동안 잘못된 정보가 일반인들에게 전달되었을 때 그것이 잘못되었다는 것을 알리기 위해 글을 쓸 수 있다네.

또는 쓰촨 성의 음식이 맵다는 것에는 변함이 없지만 쓰촨 성 음식이 매운 이유에 대해 일반인들이 알고 있는 사항 중 일부가 잘못인 경우 그것이 잘못되었음을 알리기 위해 그것을 글로 쓸 수 있다네. 그동안 그 주장의 근거가 잘못되었다는 것을 실질적으로 보이면서 쓰촨 성의 음식은 맵다는 것을 주제문으로 글을 쓸 수 있지. 하지만 지금처럼 대부분의 사람들이 알고 있는 것처럼 쓰촨 성 음식이 맵다는 사실을 군이 기말의 보고서로 쓸 필요가 있을까? 혹시 쓰촨 성의 음식에 대해 일반인들이 잘못 알고 있는 것이 있는가?

학생: 그것은 아닙니다. 선생님께서 무슨 말씀을 하시는지 알겠습니다. 주제를 바꿔보도록 하겠습니다.

우리는 주제문이 독자에 관심을 끌 만한 참신한 것이 좋다고 앞에서 언급한 바 있다. 예를 들면 자기 자신을 소개할 때 '성실하다', '책임감이 강하다' 등의 주제문은 독자들이 식상(食傷)할 만한 주제이므로 이러한 주제문은 가급적 피하는 것이 좋다고 했다.

우리가 보고서를 쓸 때 남들이 알 만한 글감을 피하기 위해서는 남들이 모르는 것을 글감으로 삼는다거나 남들이 알고 있어도 남들보다 필자인 우리가 좀 더 전문적으로 알고 있을 때가 좋다. 이를 위해서 우리는 남들보다 다양한 지식을 폭넓게 쌓아야 하며, 그 지식은 전문적이어야 한다. 또한 그 지식은 명확하거나 정확해야 한다. 명확하지 않거나 정확하지 않은 지식을 우리가 독자에게 알려주거나 그 지식을 토대로 독자들을 설득할 수는 없기 때문이다. 결국 남들이 알 만한 글감을 피하기 위해서 우리는 다양하고 폭넓게 독서해야 한다.

우리가 부모님에 관한 글을 쓸 때 독자에게 우리의 생각을 효과적으로 전달하기 위해서는 결국 우리의 부모님을 면밀하게 관찰하고 분석한 후에야 가능했으며, 우리가 여행 계획서를 작성할 때에도 여행지에 대한 정보가 정확하고 충실할 때 비로소 현실적인 여행 계획서를 작성할 수 있었다는 점을 상기(想起)해야 한다.

어떤 현상에 대해 그 현상을 우리가 인지하고 그것에 대해 다각도로 검토하는 과정에서 주제문이 떠오르는 경우가 많다. 예를 들면 신문에서 한국의 어느 지역에 싱크홀이 생겼다는 기사를 읽었다. 그리고 곧 이 싱크홀이 왜 생겼는지를 생각해 보고 곧바로 이와 관련된 여러 편의 글을 읽었다. 그러고 나서 그것을 토대로 해서 싱크홀이 무엇인지를 알고, 그것이 왜 생겼는지, 그것을 예방하려면 우리는 앞으로 어떤 대책을 마련해야 하는 것인지 등등이 떠오른다면 우리는 곧바로 '싱크홀의 발생 원인과 해결 방안'이라는 글감을 삼을 수 있다. 이렇게 어떤 현상에 대해 지적(知的) 호기심이 생겨서 그런 호기심을 해소하는 과정으로 생각이 이어지면 그것은 그야말로 보고서 쓰기에서 좋은 사례에 해당한다. 글은 대부분 이와 같이 어떠한 현상을 인지하는 것을 계기로 관심을 갖기 시작하여 그와 관련한 다양한 지식을 폭넓게 쌓으면서 그 지식들을 토대로 글을 작성하는 경우가 많다.

다음의 (가)는 '싱크홀'을 글감으로 보고서를 썼던 학생이 이것을 선택하기까지의 과정을 진술한 내용이다. 그리고 그것을 (나)와 같이 개요로 작성하였다.

(가) 송파구의 큰 도로에 구멍이 났다는 기사가 떴다. 그 구멍을 싱크홀 또는 땅꺼짐이라고도 한다. 이 기사의 댓글에서 이 지역에 생긴 싱크홀이 제2롯데월드 건설과 관련이 있다고 하는 주장이 제기되었다. 그것은 사실인가? 그게 사실이 아니라면 그것은 왜 생기는 것일까 궁금해진다.

그런데 그 싱크홀은 송파구에서 처음 생긴 것이 아니라는 사실을 다른 보도 기사를 통해서 확인하였다. 송파구에 이미 몇 개의 싱크홀이 있었고, 그 싱크홀은 송파구뿐만 아니라 한국의 여러 지역에 나타난 바 있으며, 그 싱크홀은 한국이 아닌 중국에도, 베트남에도 나타났으며 미국의 백악관 앞은 물론 멕시코나 과테말라 등 아메리카 대륙에서도 발견되었음을 알게 되었다.

이러한 사례를 통해 싱크홀은 한국의 송파구와 관련된 문제가 아니라 전 세계의 공통적인 문제일 수 있다는 생각이 들었다. 그렇다면 이 같은 싱크홀이 생성된 원인은 무엇일까 찾아볼까?

싱크홀의 원인에는 크게 두 가지가 있다. 하나는 자연 발생적인 것이고 나머지 하나는 인간의 개발에 따른 것이다. 송파구의 싱크홀은 자연발생적인 것일까 아니면 인간의 무모한 개발에 의한 것일까? 그 싱크홀뿐만 아니라 앞으로는 어떻게 될 것인가? 여태까지 전 세계가 이곳저곳을 많이 개발하였는데 이 지구는 괜찮은 것일까? 이런 것들에 대해 우리 친구들은 알고 있을까? 이러한 현상과 이 현상의 원인에 대해 여러 사람에게 알려야 싱크홀 발생을 줄일 수 있지 않을까. 그래 이것에 대해 좀 더 알아보고 이것을 널리 알려야겠다.

(나) 싱크홀의 위험성(개요, 학생의 글)

1. 서론-싱크홀의 개념

2. 싱크홀의 원인

   2.1. 자연현상

      2.1.1. 석회암

      2.1.2. 발생 지역

   2.2. 인간 활동

      2.2.1. 무분별한 개발

      2.2.2. 발생지역

3. 싱크홀 대책

4. 결론

어떤 현상을 뉴스, 신문, 잡지 또는 연구 논문을 통해 접했을 때 '이런 일들이 있구나!' 또는 '아! 그렇구나!' 하고 그냥 지나치지 말고 그 현상에 대해 관심을 갖도록 노력하자. 그러한 관심이 우리를 성장하게 하는 원동력이 된다. 그러한 것에 관심을 갖지 않으면 우리는 매번 보고서를 쓸 때마다 무엇을 쓸지에 대해 고민만 지속하게 될 것이다.

앞서 우리가 즉흥적으로 떠오른 글감을 보고서로 쓸 때에는 두 가지의 위험이 도사리고 있다고 언급하였다. 그리고 우리가 이러한 글감을 보고서의 글감으로 채택하기 위해서는 다양한 지식을 폭넓게 쌓아야 하며 그러한 지식들은 명확하고 정확한 것들이어야 한다고 언급하였다. (이러한 지식들은 나중에 우리가 글을 쓸 때 우리의 글이 옳다는 것을 보이기 위해 적극적으로 인용해야 한다.)

우리가 다양한 지식을 폭넓게 쌓고 있다고 하더라도 우리가 어떤 글감을 선정하고 이를 주제화하는 것은 여전히 쉽지 않다. 특히 우리와 같은 필자는 전문성을 아직 갖추고 있지 못하기 때문에 더욱 그렇다. 대학생 1~2학년 정도가 알 만한 내용이라면 그 나이 또래 이상의 독자들은 이미 그 정도의 지식은 다 갖추고 있을 확률이 높기 때문이다.

> 어떤 사안에 대해 쟁점을 찾고 그 쟁점의 근거를 분석하는 것이 필요하다.

이러한 상황에서 우리가 보고서의 글감을 찾을 때에는 우리가 찾은 글감에 대해 쟁점(爭點)이 무엇인지를 확인하는 것이 중요하다. 쟁점이 있다는 것은 어떤 사안에 대해서 서로 다른 생각을 가진 집단이 둘 이상 존재한다는 것을 의미한다. 그러므로 어떤 사안의 쟁점을 중심으로 필자가 갖고 있는 생각을 정리하고 이를 다른 의견을 가지고 있는 사람들에게 개진(開陳)하게 되면 학술적 글쓰기인 보고서의 글감으로서 충분하다 할 것이다.

우리가 어떤 것을 보고서의 주제로 삼을 것인가를 생각해 볼 때 '정보 전달'이 보고서의 주요 목적인 경우에도 쟁점을 고려할 필요가 있다. 예를 들면 우리가 어떠한 사항에 대해 독자들이 알지 못한 사실을 그들에게 전달하고자 할 때 이를 글감으로 삼아 보고서를 작성할 수 있는데 이것이 가능한 것은 그 정보에 대해 '알지 못 한다'라는 것과 '잘 알고 있다'라는 것의 쟁점이 존재하고 있기 때문이다.

또한 우리가 어떤 사실에 대해 잘 알고 있기는 한데 그 사실이 사실이 아니거나, 사실의 내용 중 일부가 다르다고 할 때 이를 글감으로 보고서를 작성할 수 있다. 이러한 경우의 쟁점은 '이것을 사실이라고 알고 있다'와 그러나 '그것은 사실이 아니다'이거나, '이것을 사실이라고 알고 있다'와 그러나 '그것 모두가 사실은 아니다'라는 쟁점이 존재하고 있기에 가능한 것이다.

우리들이 어떤 주제에 대해 토론할 때 우리와 반대되는 의견 모두를 부정(否定)하려고 노력하는 경우가 많다. 그런데 우리와 반대되는 의견 모두를 부정할 수 있는가? 그들이 주장하는 모두를 부정하지 못하면 우리는 그들의 의견에 동의하는 꼴이 되는가? 그렇지 않다. 우리가 쟁점을 다룰 때 우선적으로 생각해야 할 것은 우리가 기본적으로 우리 자신의 견해를 주장하려는 목적이 있기는 하지만 이때 상대방의 주장과 내 주장이 완전히 다른 것인지 아니면 상대방의 주장과 내 주장 중 일부분만이 다른 것인지 그리고 그것이 어떻게 다른지를 확인하는 것이다.

상대방의 주장 자체를 부정하는 것도 중요하지만 상대방의 주장을 뒷받침하는 여러 근거 중의 하나를 부정하는 것도 중요하다. 오히려 후자의 경우가 더 상대방의 주장을 부정하는 데 효율적일 수도 있다. 왜냐하면 첫째, 상대방의 주장을 뒷받침하는 근거 중 가장 중요하다고 생각하는 한 가지에 대해서 부정하게 되면 그 주장이 갖고 있는 힘을 상실하게 되어 상대 주장 자체를 부정하는 효과를 가져올 수 있기 때문이다. 둘째, 상대 주장의 전체를 부정하려면 우리는 많은 자료를 모아야 하고 그것을 분석해서 오류를 찾아야 한다.

그러므로 우리는 상대 주장을 겸허하게 받아들이면서 그들의 주장을 뒷받침하는 여러 근거 중 하나, 이왕이면 그 주장에서 가장 중

상대 견해에서 부정(否定)하고자 하는 범위를 가급적 좁히자.

그런데 우리가 상대방의 주장 전체를 부정하기 쉬운가? 그렇지 않다. 상대의 주장이 나오기까지 그들은 자료를 얼마나 많이 모았으며 그것을 얼마나 신중하게 검토하였겠는가?

요하다고 생각하는 근거 중 하나를 선택하는 것이 좋다. 그리고 그와 관련한 새로운 자료를 찾는다거나 기존의 자료를 재분석해서 오류를 찾아내어야 우리가 어떤 것을 주장하기 수월해진다. 이러한 이유 때문에 글감의 범위를 가능한 한 좁히는 것이 좋다고 강조했던 것이다.

최근에 중추절이 한국의 것인가 아니면 중국의 것인가 하는 논쟁이 있었다. 중추절이 한국의 것이라고 주장하는 사람이 있고 이와는 달리 그것이 중국의 것이라고 주장하는 사람이 있다. 중추절이 한국의 것이라는 주장에는 그 주장을 뒷받침하는 근거가 필요하고, 중추절이 중국의 것이란 주장에도 역시 그 주장을 뒷받침하는 근거가 필요하다. 우리가 어느 한 입장에 서서 상대방의 주장 전체를 부정할 것인가? 예를 들면 중추절은 한국의 것이 아니라 중국의 것이라고 주장할 것인가? 아니면 중추절은 한국의 것이 아니라는 것으로 주장할 것인가? 그것도 아니면 중추절이 한국의 것이라는 근거 중 일부의 예만을 대상으로 하여 그것을 부정할 것인가? 아마도 앞의 내용 세 가지 중 가장 나중의 것이 우리가 접근하기 수월한 방법일 것이다.

이럴 경우 즉 중추절이 한국의 것이라는 주장에 대해 그것 자체를 부정하는 것보다는 한국에서 중추절이 한국의 것이라는 주장을 뒷받침하는 근거 중 어느 한두 개가 잘못된 것임을 밝히는 것이 우리가 글을 쓸 때 수월하다. 그런데 이렇게 글을 쓰고 나면 중추절이 한국의 것임을 완전히 부인하는 것이 아니므로 우리가 중추절이 한국의 것임을 인정하는 태도로 비춰질 것을 우려할 수도 있다. 하지만 이러한 방식은 또 다른 한편에서는 중추절이 한국의 것이 아님을 인식할 수 있는 계기를 마련하였다는 점에서 최종적으로는 중추절이 한국의 것이 아님을 부정하는 주장의 일부분이 될 수도 있다.

만약에 중추절이 한국의 것이라는 주장을 뒷받침하는 근거 중 가장 결정적인 것에 대해 우리가 그것이 잘못되었음을 밝히게 된다면 그 글을 읽는 다른 한쪽 즉 한국의 것이라고 주장하는 사람들은 강력한 자신의 주장에 대해 힘을 상실하게 된다. 또한 그로 인하여 자기 자신의 생각이 옳은 것인가 하는 회의까지 생기게 된다. 그리고 그 반대의 입장 즉 중국의 것이라 주장하는 사람들은 그러한 글을 통해서 자신의 주장에 확신을 갖게 되는 것이다.

그러므로 자신과 반대되는 주장에 대해 그것 자체를 전부 부정하지 말자. 그것은 매우 어려운 작업이고 좀처럼 그렇게 하기란 쉽지도 않기 때문이다. 오히려 그 주장에 대한 근거가 무엇인가를 좀 더 정밀하게 조사하고 그 근거에 어떤 문제점이 있는가를 밝혀서 상대편의 힘을 약화시키는 것이 좋겠다.

가. 다음은 학생이 작성한 보고서의 개요입니다. 이 개요를 보고 이 보고서의 종류와 목적에 대해 예측해 봅시다.

- 이 보고서의 주제가 구체적인 것인지, 추상적인 것인지 생각해 봅시다.
- 중국 관광객의 만족도가 낮은 이유가 무엇인지, 그 이유는 몇 가지인지, 그리고 그중 가장 중요한 이유는 무엇이라 생각하는지에 대해 토의해 봅시다.
- 그리고 그렇게 말하는 근거가 무엇인지 말해 봅시다.

제목: 한국 관광업 이대로 좋은가?

Ⅰ. 서론

중국 관광객 늘어나도 관광업계는 울상!

Ⅱ. 본론

1. 왜 중국 관광객들이 점점 많아지는가?

   1.1. 비자 쉽게 만들기

   1.2. 성형 관광, 쇼핑

2. 중국 관광객 늘어나도 한국 관광업은 무엇을 우려하는가?

   2.1. 중국 관광객의 만족도가 높지 않다.

   2.2. 한국 관광에 대한 이미지가 나빠지고 있다

3. 해결방안

   3.1. 어떻게 하면 관광객들의 만족도를 높일 수 있을까?

   3.2. 한국 관광에 대한 이미지를 어떻게 바꿀까?

Ⅲ. 결론

나. 다음은 학생이 작성한 보고서의 개요입니다. 이 개요를 보고 이 보고서의 종류와 목적
에 대해 예측해 봅시다.

- 다음의 보고서의 주제가 구체적인 것인지 추상적인 것인지 말해 봅시다.
- 애플과 삼성에 대해서 무엇을 소개할 수 있을지 생각해 보고 말해 봅시다.
- 그리고 그렇게 말하는 근거가 무엇인지 말해 봅시다.

애플은 왜 인기가 많은가?
- 애플과 삼성의 스마트폰을 중심으로

1. 서론
    1.1. 글을 쓰는 목적
    1.2. 연구 주제
2. 본론
    2.1. 아이폰에 대해서 소개한다
    2.2. 삼성 폰에 대해서 소개한다
3. 결론

다. '가'와 '나'의 개요를 주제가 더 잘 나타나도록 수정해 봅시다.

가. (4명씩) 한 조를 구성하여, 제출할 학술적 보고서의 글감을 개인
별로 2개씩 제시하고 왜 그 글감을 선정하게 되었는지 설명해
봅시다. 이왕이면 그 글감을 어떤 현상이나 사건, 기사 내용 등과
연관 지어 설명해 봅시다.

	글감	글감을 선정한 이유
1)		
2)		
3)	(예) 중국의 자동차 문제	소득의 증가로 자동차 소비가 늘고 있다. 생활의 편리함이 있기는 하지만 환경 오염 문제가 발생하고 있는 것 같다.(현재의 문제를 인식함) 중국의 자동차 소비 어떻게 할 것인가?(문제 해결 방안을 생각함)

☞ ① 조원들은 글감을 제시한 학생이 그 글감에 대해 잘 알고 있
는지 확인한다.
② 글감을 제시한 학생이 그 글감에 대해 잘 모른다면 그가 그
글감에 대한 자료를 쉽게 찾고, 그가 그 자료를 쉽게 이해해
서 정리하고 글을 쓸 수 있을지 확인한다.
③ 글감의 범위를 좁히거나 넓힐 수 있을지 판단한다.

보고서의 글감을 정하기 전에 내가 그것을 잘 알고 있는지에 대해 냉정하게 생각한다. 조원의 발표도 자기의 발표인 것처럼 생각하여 말해 본다.

나. 제시한 글감에 대해 조원들이 글을 쓸 수 있을지 또는 없을지를
　　판단하되 그 이유가 무엇인지 말해 봅시다.

	가능 유무	이유
1)		
2)		
3)	불가능	범위가 너무 넓은 것 아닌가? 중국의 소득, 자동차 소비, 오염 등 관련 자료를 다 모을 수 있는가? 그 자료들은 중국 자료들인데 그 자료들을 한국어로 표현할 수 있는가?

다. '나'에서 나온 조원들의 의견을 참고하여 자신이 제출할 학술 보
　　고서의 글감을 정하고, 그 글감을 선정한 이유에 대해 메모한 후
　　친구에게 설명해 봅시다.

글감	선정 이유

제10과

———

보고서의 글감 구체화

선생님: 자네 이번 보고서 주제 정했는가?

학생: 네, 선생님. 저의 이번 주제는 '한류'입니다.

선생님: '한류'? '한류'에 대해서 다 쓸 건가?

학생: 아닙니다. '한류'와 관계된 현상에 대해서 쓸 겁니다.

선생님: 그 현상이 무엇인데? '현상'이라는 것이 어떤 현상인가?

학생: 한류가 상품 매출에 어떤 영향을 미치는가 하는 것입니다.

선생님: 상품? 어떤 상품?

학생: 화장품입니다.

선생님: 어느 나라에서 만든 화장품이며 어느 나라의 매출인가?

학생: 한국에서 만든 화장품이며 일본에서의 매출입니다.

선생님: '한류'가 드라마인가 아니면 K-POP인가 아니면 무엇인가?

학생: 둘 다를 포함할지 아니면 어느 하나만 한정할지 생각해 보겠습니다.

선생님: 그럼 지금까지 자네가 한 말을 중심으로 생각을 다시 한 번 정리해 보게.

학생: 한류가 일본의 화장품 매출 상승에 미친 영향에 대해 보고서를 쓸 예정입니다.

선생님: 처음 '한류'라고 말할 때보다 훨씬 내용이 구체적이네. 그렇지만 그 주제문은 아직도 자네가 써야 할 주제라고 말하기에는 범위가 넓은 것 같네. 왜냐하면 화장품 회사가 한두 개가 아니잖나? 자네가 말하는 화장품의 매출이 상승하는 화장품 회사를 어느 특정한 한두 회사로 한정하는 것이 좋을 것 같네. 그래야 자네가 보고서를 쓰기 위해 자료를 찾고 이해하는 데 시간이 적게 걸리지 않겠나?

학생: 네, 그럼 일본에서 인기가 있는 '아모레퍼시픽' 회사로 한정해서 자료를 찾아보고 그것을 토대로 보고서를 작성해 보겠습니다.

선생님: 일단 그 정도로 범위를 좁혀 자료를 찾아보고 그것을 정리해 보도록 하지. 그런 다음에 다시 한 번 나와 얘기를 나누도록 하세.

생각해 보기

- 내 보고서의 글감은 얼마나 구체적인가?
- 내 보고서의 글감이 구체적이지 않다면 그것을 구체화하기 위해 어떻게 하면 좋을까?

1. 글감의 구체화 과정(1)

    학생들은 어떤 교과목의 강의를 들을 때 중간 또는 기말 과제물로 보고서를 써야 할 때가 많다. 선생님은 학생들에게 과제를 제시할 때, 자유 주제로 과제물을 내 줄 수 있고, 어떤 경우에는 글감만 제시하는 경우가 있으며, 또 어떤 경우에는 어떤 구체적인 문제를 과제로 내 줄 수 있다.

    그 글감은 우선적으로 어떤 것을 목적으로 보고서를 쓰느냐에 따라서 보고서의 내용이나 형식이 달라질 수 있으므로 글의 목적을 분명하게 생각하여 글감을 선택하는 것이 좋다. 앞에서 언급한 '정보 제공', '견해 주장', '정서 교류' 중에서 하나를 목적으로 세워 보자.

    글의 목적이 어떤 것이든 우리가 주제를 정할 때에는 범위를 최대한 좁히는 것이 우리가 글을 쓸 때 수월하므로 우리는 글감의 범위를 좁혀야 한다.

> 글감의 범위를 최대한 좁혀 보자!

    선생님들이 학생들에게 자유 주제로 보고서를 작성해서 제출하라 지시하면 대부분의 학생들은 보고서와 관련하여 어떤 핵심어나 핵심구(句)를 떠올리는 경우가 많다. 이것은 매우 자연스러운 현상의 하나이다. 어쩌면 단어나 구를 떠올린 것만으로도 과제 제출을 위한 여러 고비 중 하나를 넘겼다고 생각할 수도 있다. 왜냐하면 일부의 학생들은 그런 단어나 구조차도 머릿속에서 떠올리지 못하는 경우가 많기 때문이다. 그런데 그렇게 어떤 단어나 구를 머릿속에 떠올렸다고 해도 그 단어나 구를 가지고 글을 바로 쓸 수 있는 것은 아니다.

    이 과의 앞부분에 나온 대화문에서 알 수 있듯이 '한류'라는 핵심어 또는 주제어를 가지고 글을 쓰려고 하면 그 단어가 암시하는 것이 너무 넓어서 우리가 보고서를 작성할 때 어디서부터 어떻게 접근해야 할지를 모르게 된다. 하지만 "'한류'가 일본의 '아모레 퍼시픽' 화장품의 매출 상승에 어떤 영향을 미쳤는가?"와 같이 하나의 구체적인 문장으로 주제를 잡게 되면 지금 당장 '아모레 퍼시픽 화장품의 일본 매출'과 관련된 자료를 조사하게 될 것이다.

2. 글감의 구체화 과정(2)

즉흥적으로 어떤 글감이 우리 머리에 떠올랐고 그 글감이 포괄적인 개념을 지닌 단어나 구일 때 우리는 어떻게 해야 하는가에 대해 살펴보자.

> 선생님: 이번 기말 보고서의 주제가 무엇인가?
> 학생: 네, 한중 무역입니다.
> 선생님: 뭐라고????

위의 학생이 제시한 보고서의 글감은 '한중 무역'이다. 이 글감으로 보고서를 쓸 수 있을까? 이 학생은 이것을 글감으로 해서 보고서를 쓸 수 없다. 왜냐하면 이 글감은 개념이 매우 포괄적인 명사구이기 때문이다.

이와 같은 글감은 다음과 같은 사유(思惟)의 과정을 통해서 구체화시키는 것이 좋다. 다음은 글감을 구체화하는 과정이다.

> 글감의 구체화 과정은 제3과에서도 자세하게 다룬 바 있다.

〈표 17〉 글감의 구체화 과정 사례

① 한중 무역 ← 글감 1

문제점 글감의 범위가 너무 넓다. 한국과 중국의 무역에 대한 것을 보고서로 모두 작성할 것인가? 그렇게 하기란 쉽지 않다. 그것은 누구에게도 불가능한 일이다. '한중 무역'에서 무엇을 다룰 것인지 범위를 좁혀 보자.

② 한중의 무역의 역사 ← 글감 2

문제점 '한중 무역'을 '역사'라는 것으로 범위를 좁혀 보았다. 하지만 '역사'라는 단어 역시 포괄적인 개념임에 틀림없다. 이 '역사'란 개념을 좀 더 한정해 보자. 여기서 역사란 몇 년도부터 몇 년도까지의 역사인가? 선사시대부터 현대까지의 역사를 다 다룰 것인가? 시대의 범위를 한정하는 것이 우리가 글을 쓸 때 수월할 것 같다. 그렇다면 시대를 어떻게 한정할 것인가?

③ 1990년부터 2010년까지의 한중 무역의 역사 ← 글감 3

문제점 한국과 중국이 1992년에 수교하였고 그때부터 한중 교역이 본격적으로 시작되었을 것이다. 그렇다면 1990년대를 기점(起點)으로 하여 한중 무역의 역사를 살피는 것이 좋을 것이란 생각이 들겠다. 이왕이면 2015년인 오늘까지로 해서 그 시점을 한중 무역에서 역사의 종점(終點)을 삼으면 좋겠다. 그런데 2014년의 무역에 대한 현황이 공개되어 있지 않아 그 내용이 파악되지 않을 수도 있으므로 한중 무역 현황이 확인되는 시점까지로 범위를 한정시키는 것이 좋다.

문제점 1990년부터 2010년까지 한국과 중국 사이에 있었던 무역과 관련하여 모든 것을 보고서에 제시할 것인가 아니면 일부만을 제시할 것인가? 그런 것들을 왜 여기에 제시해야 하는지 등도 생각해 보자.

문제점 우리가 역사를 공부하는 것은 그동안의 역사가 우리에게 교훈을 주기 때문이 아닐까? 역사가 우리에게 어떤 교훈을 주는가? 어떤 것을 예측하게 하는가?

> 글감을 구체화하는 과정에서 지식이 필요하게 됨을 알게 된다. 글감에 대한 지식이 없으면 글감을 구체화할 수 없다.

글감을 글감 1에서 글감 3으로 구체화하는 과정 속에서 임시라도 제목과 주제문이 정해지는 경우가 종종 있다. 아래의 ④와 ⑤는 글감의 구체화 과정 속에서 얻어진 제목과 주제문이다. 제목이 길면 그 제목의 일부분을 쪼개어 부제로 제시해도 좋다.

④ '1990년부터 2010년까지의 한중 무역 역사가 우리에게 주는 의미'
   ← 제목

⑤ '한중 무역의 역사가 우리에게 주는 의미 ← 제목
   – 1990년부터 2010년까지를 중심으로– ← 부제

☞ 한중 무역의 역사가 우리에게 주는 의미가 무엇인지를 본문에 밝혀야 한다.

⑥ **"1990년부터 2010년까지의 한중 무역의 역사는 우리에게 ~한 의미가 있다."** ← 주제문

그리고 이렇게 위에서와 같이 주제문을 설정하게 되면 다음과 같은 내용의 보고서가 작성될 것으로 보인다.

- 한중 교역이 날로 증가하고 있다는 보도를 접했다. 앞으로도 한중 교역은 증가할 것이다. 그렇지만 한중 교역의 내용에는 변함이 없는 것일까? 그동안에 교역의 내용이 어떠했는지를 살펴보는 것이 좋겠다.
- 1992년 한국과 중국이 수교를 맺었다. 그 이후 한중 교역량이 매우 증가하였다.
- 2010년대의 한중 무역은 1990년대의 한중 무역과 같지 않다. 그 사이에 변화가 생겼다. 어떤 변화가 생겼는지 살펴보자.
- 1990년대에 중국은 한국에서 어떠어떠한 제품을 수입하는 경우가 많았다. 그때의 제품은 어떠어떠한 특성이 있다. 중국은 한국에 어떠어떠한 제품을 수출하였다. 그 제품은 주로 어떠어떠한 것이었다.
- 2000년대에 중국은 한국에서 어떠어떠한 제품을 여전히 수입하였지만 그 분량은 점점 줄어드는 추세에 있다. 이에 반해 중국은 한국에 어떠어떠한 제품을 수출하기 시작하였고 점점 그 수출량이 증가하는 추세에 있다.
- 2010년대에 중국은 한국에서 어떠어떠한 제품을 수입하지 않는다. 오히려 중국은 기존에 한국에서 수입하던 어떠어떠한 제품을 수출하고 있다.
- 이러한 변화 양상을 볼 때 향후 한중 무역은 어떻게 변할 것이다.

이렇듯 우리가 작성해야 할 보고서의 첫 단추는 글감을 어느 정도 한정했느냐에 따라 달라지는 것이다. 그러므로 우리가 떠올린 글감을 최대한 한정하도록 다각도로 노력해 보자. 글을 쓰기 전에 그와 같은 노력이 뒤따라 주어야 글을 쓰는 과정이 수월해진다.

가. 다음은 최초의 글감과 그 글감을 구체화하는 과정에서 얻은 보고서의 제목입니다. 글감과 보고서의 제목을 비교하였을 때 어떤 점에서 글감의 범위가 좁혀진 것인지 말해 봅시다.

최초의 글감	보고서 제목
한국 화장품 성공	한국 화장품의 성공 원인에 관한 연구 -태평양의 마케팅 전략을 중심으로
싱크홀의 위험성	싱크홀의 위험성과 예방
유방암 연구	20-30대 한국 여성의 유방암 발생 원인과 그 예방 대책
한류와 중국 방송	한국 예능 프로그램의 발전과 이것이 중국의 새 방송 프로그램 개발에 미치는 긍정적 영향 - '런닝맨'과 '아빠 어디 가'를 중심으로 -

나. '가'의 보고서 제목을 주제문으로 발전시켜 봅시다.

다. 각각의 제목과 제목을 통해 어떤 내용이 제시될지 예상해 보고, 이 중 한 주제에 대해 개요를 작성해 봅시다.

주제문은 주어와 서술어로 구성되어 있어야 한다.
⑩ 그 남학생은 운동을 많이 한 사람이다.

가. 9과에서 정한 보고서의 글감을 구체화하여 주제문을 작성해 봅시다.

보고서의 주제문이 구체적이어야 보고서 작성 준비 기간에 우리의 수고를 줄일 수 있다.

나. (4명씩) 조를 구성하여, 각자의 주제문을 발표하고 필요 시 수정해 봅시다.

다. 위에서 작성한 주제문에 대해 다음의 내용을 작성해 봅시다.

① 글의 제목:

② 글의 주제문:

③ 글의 개요(또는 구성):

〈참고 문헌〉

제11과

보고서의 자료 찾기와 정리

학생: 선생님, 저는 이번에 '한국 노인 복지의 운영 현황'에 대해 보고서를 작성하고자 합니다.

선생님: 그래? 그런데 자네는 노인의 복지 운영 현황 자료를 어디서 구할 수 있지?

학생: 인터넷을 통해서 자료를 찾을 수 있지 않을까요?

선생님: 글쎄, 일단 노인의 복지 운영 현황에 관한 자료를 찾을 수 있는지 없는지, 어느 정도로 찾을 수 있는지 확인해 봐야 하지 않을까?

학생: 네. 그런데 인터넷의 위키 백과, 기사, 블로그 이런 자료를 통해서 이번 보고서와 관련한 자료를 찾을 수 있지 않을까요?

선생님: 블로그? 개인 블로그에 제시된 자료를 믿을 수 있어? 위키 백과에 제시된 자료는 현황 자료로서 신뢰할 수 있을까? 기사의 경우도 조심해서 사용해야 할 것이야. 혹시 보건복지부에서 간행한 정책 자료집에 '노인 복지의 운영 현황'이 있지 않을까? 또는 자네와 같이 그 분야에 관심을 갖고 있는 사람 중 누군가 그와 관련한 글을 쓰면서 그와 관련한 자료를 이미 찾아서 정리하지 않았을까? 일단 '노인 복지'와 관련되어 있는 정부 기관이나, 사회단체 등의 홈페이지에 들어가 보는 것이 좋을 것 같고, 우리 학교 학사 지원 정보시스템에 접속하면 '학술 정보관'이 있으니 그쪽으로 들어가서 노인 복지와 관련한 도서나 관련 논문이 있는지 확인해 보는 것이 어떨까?

학생: 네, 선생님. 선생님께서 말씀하신 정부 기관이나 사회단체는 물론 학사 지원 정보시스템의 '학술 정보관'에 들어가서 '노인 복지'와 관련한 도서나 책자, 논문 등이 있는지 찾아보겠습니다.

생각해 보기

• 보고서에 필요한 자료에 어떻게 접근할 것인가?
• 자료를 어떻게 정리할 것인가?

1. 자료의 접근성

우리가 보고서를 쓰기 위해 주제를 선정하고 그것을 더욱 구체화하는 과정에서 고려해야 할 사항이 있다. 앞에서 우리가 우리 신변과 관련하여 글을 쓸 때는 우리 자신의 일이거나 가족과 관련된 일이었다. 여행 계획서는 우리가 인터넷을 이용하여 자료를 쉽게 얻을 수 있었던 글감이어서 여행 관련 자료에 대한 부담감은 그리 크지 않았다. 그렇지만 이제 우리가 학술적인 글들을 쓰기 위해서는 어떠한 자료 없이 글을 쓰기란 쉽지 않다. 그러므로 글의 주제가 구체화되어 있다고 하더라도 그것을 우리의 계획대로 글로 구체화하기 위해서는 ① 글쓰기에 필요한 자료를 필자가 쉽게 얻을 수 있어야 하고 ② 그 자료에 대해 누구나 신뢰할 수 있어야 하며 ③ 필자는 그 자료를 잘 읽고 이해할 수 있어야 한다. 그리고 나아가 ④ 필자는 그 자료를 분석해서 그 자료의 의미를 생성해 낼 수 있어야 한다.

글감: 한중 연예계의 차이

외국인 학생 중에는 보고서의 글감으로 '한중 연예계의 차이'를 생각하는 경우가 있다. 왜냐하면 외국인 한국어 학습자가 한국어를 배우기 시작할 때 한류의 영향을 받은 경우가 많기 때문이다. 그렇지만 이와 같은 글감은 보고서로서 적합하지 않다. 이와 같은 글감으로 보고서를 작성하려면 한국과 중국, 이 두 나라의 연예계에 대해서 잘 알아야 하기 때문이다. 한 나라의 연예계를 알기도 쉽지 않은데 두 나라의 연예계에 대해 잘 알 수 있을까?

우리는 한국이나 중국의 신문이나 방송을 통해서 각각의 나라에 대해 연예계 소식을 생생하게 전해 듣는다. 그렇지만 신문이나 방송을 통하여 전해들은 정보가 과연 얼마만큼 객관적이고 구체적일 수

> 보고서 작성 구상 단계에서 자료의 접근성을 고려하자!

있을까? 그리고 여기에서 더 나아가서, 우리가 이 두 나라의 연예계에 대한 구체적인 정보를 어렵게라도 얻어서 그것을 객관적으로 기술한다고 하더라도 이러한 글감이 일반 또는 특정한 독자들에게 어떤 의미가 있겠는가? 이러한 글감이 우리가 보고서를 작성할 때 떠오르는 것은 자연스러운 현상이지만 이런 글감이 떠오를 때 이 글감이 보고서로서 적합한지, 적합하지 않은지를 요모조모 살펴보아야 한다. 그리고 그것을 토대로 이것을 보고서의 글감으로 선택하기까지 우리 스스로가 여러 가지를 판단하여 결정하는 것은 매우 중요하다.

2. 글감과 한국어 능력의 관계

자기 자신의 모국어로 글을 읽고 모국어로 글을 쓴 다음 이를 다시 한국어로 번역하는 것은, 부족한 한국어 능력으로 처음부터 한국어로 된 글을 읽고 한국어로 글을 쓰는 과정보다 훨씬 더 어려운 작업일 수 있다.

보고서를 작성할 때, 자기 자신의 국가에 한정된 문제를 글감으로 선정하는 외국인 학생들이 있다. 이렇게 글감을 선정할 경우 두 가지의 문제가 발생하게 된다. 첫째, 글쓰기 단계상 한 단계가 더 설정되어야 한다. 둘째, 이 보고서를 쓰면서 한국어 능력이 신장되어야 하는데 그렇게 되지 않는다.

외국인 학생이 자신의 국가에 한정된 문제를 글감으로 삼아 글을 쓰게 된다면 일반적으로 자신의 모국어로 된 글을 읽고 그 글의 내용을 토대로 사고(思考)하게 된다. 그리고 그러한 사고를 바탕으로 자신의 모국어로 글을 쓰게 될 것이다. 이러한 과정을 통해서 자기 자신의 모국어로 글을 읽고 사고하고 자기 자신의 모국어로 글을 쓰는 것이라면 여기에는 아무런 문제가 없다.

〈표 18〉 자신의 국가에 한정된 문제로 글을 쓰는 과정

① 자기 자신의 국가에 한정된 문제를 글감으로 선정함.

⇩

② 자기 자신의 모국어로 쓰인 자료를 검색함.

⇩

③ 자기 자신의 모국어로 된 자료를 읽고 이해함.

⇩

④ 자기 자신의 모국어로 사고함.

⇩

⑤ 자기 자신의 모국어로 글을 씀.

⇩

⑥ 모국어를 한국어로 번역함.

※ ⑥에서 한국어 능력이 신장될 수 있다. 그렇지만 비효율적일 수 있다.

그런데 한국으로 유학하러 온 외국인 학생은 자신의 모국어로 보고서를 써야 하는 것이 아니라 한국어로 글을 써야 한다. 즉 자료를 자신의 모국어로 읽고 그것을 모국어로 이해했다고 하더라도 그것을 한국어로 표현해야 한다는 말이다.

자신의 생각에 대해 한국어로 글을 쓸 때 자신의 모국어로 읽고 이해했던 단어, 문장, 표현이나 용어 등을 한국어로 바꾸어야 한다. 우리는 그런 것들을 한국어로 쉽게 그리고 정확하게 바꿀 수 있을까? 외국인 학생이 자기 자신의 모국어로 된 단어, 문장, 표현이나 용어 등을 한국어로 잘 바꾸기란 쉽지 않다. 자신의 언어와 한국어가 부분적으로는 일치하기도 하지만 부분적으로는 일치하지 않기 때문이다. 자기 자신의 모국어와 한국어가 일치하는 경우보다 일치하지 않은 경우가 훨씬 더 많다. 이럴 경우 한국어로 번역하는 데 매우 많

은 시간을 소비해야 할 것이고 번역한 그 결과도 좋을 리 만무(萬無)
하다. 결과적으로 특정 국가와 관련한 문제를 글감으로 하여 한국어
로 글을 쓰는 데에는 어려움이 많이 따른다는 것을 의미한다.

글을 쓰는 과정에서뿐만 아니라 글을 쓰기 위한 사전 작업을 통해
서 우리는 한국어 능력을 신장시킬 수 있다. 한국어로 된 자료를 지
속해서 읽다 보면 기존에 이미 알고 있었던 단어나 문장 그리고 표
현들을 환기할 수 있을 뿐만 아니라 새로운 단어, 문장, 표현이나 용
어들을 접하면서 우리가 이미 알고 있던 단어나 문장, 표현이나 용어
들에서 새로운 단어, 문장 그리고 표현들이 추가되어 한국어 능력이
더욱 신장될 수 있기 때문이다. 즉 글을 쓰는 과정과 글을 쓰기 위한
사전의 작업들이 한국어의 능력을 신장시키는 과정일 것인데 그러
한 과정에서 자기 자신의 모국어를 사용하게 되면 한국어 능력 신장
의 기회를 스스로가 없애는 꼴이다.

글감을 선정할 때에는 가급적이면 한국어로 정보를 얻고 지식을
쌓을 수 있는 것이어야 한다. 정보나 지식을 한국어로 습득하게 되면
우리는 그 정보나 지식뿐만 아니라 한국어의 표현 방식을 자연스럽
게 익힐 수 있고, 문맥에 맞는 단어를 선택할 수 있으며 이러한 과정
에서 한국어 문법을 자연스럽게 학습하는 부수적인 소득도 얻을 수
있다.

〈표 19〉 한국어 자료가 많은 주제로 글을 쓰는 과정

① 한국어 자료로 된 글감을 선정함.

⇩

② 한국어로 된 자료를 검색함.

⇩

③ 한국어로 된 자료를 읽고 이해함.

⇩

④ 한국어로 사고함.

⇧

⑤ 한국어로 글을 씀.

※ ②~⑤ 과정에서 한국어 능력이 신장된다.

3. 자료 정리

우리가 자료를 정리할 때는 우리 자신이 지식을 쌓는 입장에서 자료를 정리할 필요가 있고, 한편으로는 필자의 입장에서 독자들에게 정보를 제공하기 위하여 자료를 정리할 필요가 있다. 우리는 이미 (학문 목적) '읽기'나 '듣기'에서 학습한 것처럼 이해를 위한 자료 정리가 필요하고 이를 바탕으로 표현을 위한 자료 정리가 필요하다는 것을 알고 있다. 여기서는 보고서를 쓰기 위한 자리이므로 쓰기에 관련된 자료 정리에 대해 간단히 제시한다.

> 이미 앞에서 언급한 바와 같이 우리는 글을 쓰는 여러 목적 즉 '정보 제공', '견해 주장', '정서 교류'에 맞게 자료를 정리해야 한다.

〈책이나 자료를 읽으면서 유의해야 할 점〉

① 우리가 새롭게 알게 된 사실에 대해서 정리한다.
  - '정보 제공'의 글이라면 그 글에서 제공하는 정보를 자기 자신이 이해한 것을 토대로 자기의 표현 방식대로 정리한다.
  - '견해 주장'의 글이라면 그 글에서 주장하는 견해의 요지와 그 근거들을 자기의 표현 방식대로 정리한다.
  - 개념이나 용어가 새로운 것일 경우 그 개념과 용어에 대해 자기 자신의 표현 방식대로 정리한다.
② 독자에게 전달하고자 하는 정보 중 필요하다고 생각하는 핵심 내용을 정리한다.
  - 개념어와 그 개념어의 설명에 대해 자기 자신의 표현 방식으로 정리한다.
  - 어떤 주장에 대해 주장의 내용과 그 내용을 뒷받침하는 근거가 무엇

> 자기 자신의 보고서와 관련된 자료에서 제시하는 견해, 주장, 설명 등은, 필자가 그 자료들을 읽고 이해하는 과정에서 필자가 인식하는 정도에 따라 필자의 표현 방식대로 그 자료를 표현하여 정리해야 한다. 그리고 그것을 필자의 보고서에서 필요할 때마다 사용해야 된다. 단, 이런 경우에도 어디서 누구의 어떤 자료를 인용한 것인지를 역시 자기 자신의 보고서에 제시해야 한다.

인지를 명확하게 정리한다,

③ 어떤 정보를 제공하기 위한 목적이든, 어떤 견해를 주장하기 위한 목적이든 이왕이면 통계 자료와 같이 수량으로 어떤 의미를 보여줄 수 있는 것들이라면 정리한다. 통계 자료에 대한 그래프, 표, 그림 등을 정리한다.

④ 자료를 정리하면서 우리가 정리한 자료를 자기 자신의 글 어느 위치에 넣을지 함께 생각해 보아야 한다. 자신이 작성한 글의 개요 어느 위치에 이를 표시해 두는 것도 좋다.

⑤ 어떤 내용을 정리하든지 그 내용을 다시 찾아야 하는 경우가 생긴다. 그뿐만 아니라 자기 자신이 정리한 내용을 자기 보고서에 인용하고자 하면 그 정보의 출처를 밝혀야 하는 것이므로 누가, 언제, 어디서 어떤 내용을 어떻게 제시하였는가를 반드시 정리해야 한다.

자료를 정리할 때에는 자료와 똑같이 정리하는 것과 자기 자신의 표현 방식대로 정리하는 것과를 구별해야 한다. 예를 들면 자료에서 제공하는 숫자, 전문 용어(또는 전문어) 등은 본래대로 옮겨 정리해야 겠지만 자료에서 제시하는 견해, 주장, 설명 등은 자료에 있는 내용 그대로를 옮겨서 정리하는 것은 바람직하지 않다. 자료의 내용을 똑같이 자기 자신의 보고서에 옮겨 와야 하는 경우라면 직접 인용 방식으로 활용해야 하는데 그때에는 자신이 쓰는 글에서 직접 인용 방식을 지속적으로 사용해야 한다. 이렇게 직접 인용 방식이 많은 보고서는 과제 평가에서 높은 점수를 받을 수 없다. 그런데 자기 자신의 보고서에 남의 자료를 가져와 똑같이 표현하면서 이것을 밝히지 않으면 이것은 표절(剽竊)이 된다. 글을 쓸 때 가급적이면 견해, 주장, 설명 등은 자기 자신의 표현 방식대로 써 보자.

> 필자가 자기 자신의 표현 방식대로 무엇인가를 쓴다는 것은 글의 대상에 대해 분명하게 인식하고 있다는 것이다.

가. 제출할 학술적 보고서의 글감에 대해 필요한 참고 자료를 찾아 봅시다.

- 논문:
- 저서:
- 신문 자료:
- 통계 자료:

나. 위에서 찾은 내용을 보고서 참고 문헌 작성 양식에 맞게 작성해 봅시다.

〈참고 문헌〉

1. 보고서 작성 시 활용한 자료

2. 보고서 작성 시 참고한 한국 논문 및 저서

3. 보고서 작성 시 참고한 외국 논문 및 저서

※ 내용의 출처를 제시하는 방법은 이 책의 맨 뒤 부록 ②의 '참고 문헌 작성 예시'와 부록 ⑦의 '인용한 내용 출처 제시 방법'을 참조할 것.
※ 참고 문헌은 보고서를 작성해서 제출할 때도 필요하다. 그러므로 보고서를 쓰는 과정에서 미리 작성해 두는 것이 보고서를 제출하기 전에 작성하는 것보다 훨씬 좋다.

가. 제출할 보고서의 메모장을 작성한 후 이를 바탕으로 개요를 작성해 봅시다.

① 글의 제목:

② 글의 주제문:

③ 글의 개요(또는 구성):

    1. 서론

    2. 본론

       2.1. 현상

       2.2. 문제의 핵심

       2.3. 문제의 원인 및 분석

       2.4. 문제 해결 방안

    3. 결론

〈참고 문헌〉

나. 글의 구성 항목에 들어갈 실제 내용을 채워 봅시다.

다. 위의 내용을 보면서 다음 사항을 검토해 봅시다.

    (1) 글에 들어갈 항목들이 빠짐없이 들어가 있는가?

    (2) 글의 구성 항목이 글의 주제나 목적을 드러내는 데 부합하도록 잘 배열되었는가?

    (3) 글의 구성 항목의 내용이 주제와 잘 부합하는가?

    (4) 글의 구성 항목에 들어간 내용은 객관적이며 구체적인 것인가?

라. 위의 내용에서 기입하지 못한 내용은 추가 자료를 찾아 정리해 봅시다.

제12과

보고서의 제목과 목차

학생 1: 성민아! 기말 보고서 썼니?

학생 2: 나? 아직 다 안 썼는데. 너는?

학생 1: 나는 아직 제목도 못 정했어.

학생 2: 나는 제목과 목차까지 작성했는데 아직 글을 시작하지는 못했어.

학생 1: 그래? 너는 그럼 다 썼네.

학생 2: 무슨 소리야. 난 아직 시작도 안 했다니깐.

학생 1: 네가 아직 글을 쓰지는 않았지만 제목이 정해지고 목차가 정해졌으면 글을 거의 다 쓴 것이나 다름없지 뭐. 글감, 제목과 목차가 정해졌다는 것은 그 글감의 주제는 무엇이고, 그 주제를 잘 드러내기 위해 내용을 어떻게 전개할지 정했다는 것과 마찬가지잖아, 이미 네 머릿속에는 글이 다 써 있는 것이나 다름없다는 것이야. 네가 부럽다.

생각해 보기

- 어떤 제목이 보고서의 제목으로 좋은 제목인가?
- 개요와 목차에 어떤 차이가 있는가?
- 자기 자신이 작성한 목차를 하나의 이야기로 설명할 수 있는가?

1. 제목 달기

보고서를 작성할 때 제목과 목차를 작성하고 나면 글의 반 이상은 썼다고들 한다. 왜 그럴까?

제목은 글의 간판이다. 글은 글을 쓰기 시작할 때 제목을 정해 놓고 글을 써 나가다가 글을 완성한 다음에 제목을 다시 수정하는 것이 일반적이다. 이와 같이 글이 완성된 다음에 제목을 수정하는 것은 글의 내용(또는 주제)과 제목이 부합되는가를 살폈을 때 부합되지 않는 경우가 있기 때문이다.

글을 쓰기 전에 글의 제목을 정해야 하는 경우라면 특히 가급적이면 글의 제목을 구체적으로 작성해야 좋다. 여기서 구체적이란 주제문을 구체적으로 적어야 한다는 것과 크게 다르지 않다. 글의 제목을 구체적으로 정하지 않으면 글의 내용 자체가 포괄적인 내용으로 흘러가게 되는 경우가 많기 때문이다. 그러므로 글의 제목을 구체적으로 한정하고 글의 제목이 글의 내용을 암시하거나 또는 반영할 수 있어야 한다. 즉 글의 제목을 통해서 이 글의 내용이 어떨 것인지에 대해 독자가 예상할 수 있도록 해야 한다.

다음은 학생들이 제출했던 보고서의 제목들이다. 어떤 제목이 보고서로서 좋은 제목인지 살펴보자.

> 제목은 글의 간판이다. 독자들이 제목을 통해 글의 내용이 어떤지를 예측할 수 있도록 하자!

> 보고서의 제목은 보고서의 주제문 자체를 그대로 사용하는 것이 좋다.

(1) 동아시아 경제 기적 및 미래 전망

(2) 직장인들이 받는 스트레스에 대한 연구

(3) 한국 실업 문제의 원인과 대책-청년을 중심으로

(4) 한국 화장품의 성공 원인에 관한 연구
　　―태평양의 마케팅 전략을 중심으로

(5) LCC(저비용 항공사)가 일본 관광 산업에 미치는 영향과 과제

(1)의 '동아시아 경제 기적 및 미래 전망'은, 언뜻 보아서는 제목이 매력적이다. '경제 기적'이라는 명사구가 우리에게 주는 의미가 매력적이고 '미래 전망'이란 명사구 자체가 주는 의미도 매력적이다. 이 제목만을 본다면 이 글은 독자들에게 어떤 핑크빛을 보여줄 것 같은 느낌이 든다. 제목을 통해 어떤 내용이 제시될지 어렴풋하게나마 짐작할 수 있다.

그렇지만 이러한 명사구의 나열은 바람직하지 않다. '동아시아'라는 단어에서 '동아시아'란 범위를 좁히기가 쉽지 않고, '경제'라는 단어의 의미도 포괄적이며 '기적'이란 단어 역시 구체적이거나 절대적이지 않기 때문이다. 그리고 '미래'를 '전망한다'는 것 자체가 우리와 같은 학생들이 이에 대해 언급하기가 쉬운 문제가 아니다. '전망'(展望)은 그야말로 전공자가 많은 지식과 오랜 경험을 토대로 오랜 시간 동안 숙고할 때 비로소 언급할 수 있는 내용이다. 우리 같은 학생들이 보고서의 제목을 이와 같이 달게 되면 이 보고서의 내용은 개략적인 내용을 언급하다가 그만둘 가능성이 많다. 아니면 이쪽 방면의 전문가의 얘기를 요약하여 제시하는 수준이 되고 만다. 또한 이 보고서를 작성하는 학생은 이 보고서를 작성하는 내내 여러 저서나 논문을 읽고 자기 것으로 소화하느라 고생하게 된다. 그것을 자기 것으로 소화하지 못하면 그것을 베껴야 하므로 필자가 본의 아니게 남의 것을 표절하는 경우가 많다.

(2)의 '직장인들이 받는 스트레스에 대한 연구'라는 제목도 포괄적이다. '직장인'들을 하나의 범주로 묶어서 설명하기란 쉽지 않기 때문이다. 예를 들면 직업 군인이라는 직장인과 종합 병원의 의사라는 직장인이 동일한 스트레스를 받는다고 생각할 수 없다.

(2)에서 직장인이란 개념도 좀 더 한정해서 설정하여 이를 제시할 필요가 있다. 이 제목은 제목을 통해 보고서의 내용이 어떨지에 대해 가늠하기 쉽지 않기 때문이다.

(3)의 '한국 실업 문제의 원인과 대책-청년을 중심으로'는 한국 실

> 우리가 학교를 다니면서 보고서를 쓰는 동안에는 작은 문제를 다각도로 검토하는 훈련이 필요하다. 글감의 범위가 포괄적이면 문제가 복잡해지고, 그렇게 되면 어떤 문제든 그 문제를 다각도로 검토하기란 쉽지 않기 때문이다.

업의 문제를 '청년'을 중심으로 다루겠음을 부제(副題)를 통해 보여주고 있다. 필자가 만약 여기에 부제를 달지 않았다면 필자는 무의식중에 다양한 연령층의 실업 문제에 대해 모두 다뤄야 한다고 생각하게 될 것이다. 그러면 내용 자체가 거창해지고 포괄적이고 관념적으로 전개되고 만다. 그런데 이렇게 부제를 달아줌으로써 이 제목은 이 보고서의 내용이 어떠할지에 대해 암시할 수 있게 되었다. 제목 그 자체가 보고서의 내용으로 들어갈 가능성이 높다.

(4)의 '한국 화장품의 성공 원인에 관한 연구 - 태평양의 마케팅 전략을 중심으로'도 (3)과 마찬가지이다. 이 제목은 한국 화장품 중에 '태평양'이라는 화장품 회사를 대상으로 글감을 한정하고 있고 성공의 원인을 '마케팅 전략'으로 한정하여 분석하겠다는 필자의 의도를 제목과 부제를 통해 엿볼 수 있다. 독자는 제목을 통해 보고서의 내용이 어떠할지에 대해 어렴풋하게나마 예상할 수 있겠다.

(5)의 'LCC(저비용 항공사)가 일본 관광 산업에 미치는 영향과 과제'와 같은 제목이 보고서의 제목으로서 적합한지 살펴보자. 저비용 항공사가 한두 개가 아니다. 관광은 일본 관광으로 한정하였지만 이것이 일본인들의 국내 관광인지 아니면 외국인의 일본 관광인지가 분명하지 않다. 아마도 이 글의 필자는 글을 쓰는 과정에서 이런저런 내용을 생각하느라 생각이 복잡했을 것으로 보인다.

독자들이 제목을 통해 글의 내용을 예측할 수 있도록 제목을 구체적으로 만들어 보자!

2. 목차 만들기

우리는 앞에서 글을 쓰기 전에 주제를 주제문으로 작성하고 그리고 그 주제문에 맞게 내용을 구성해야 한다고 학습한 바 있다.

그리고 우리는 그와 같은 내용을 어떻게 구성할 것인지를 고민한 결과물이 바로 개요란 것도 알고 있다. 개요는 세세하게 작성하는 것이 좋다고 하였다. 브레인스토밍을 통해서 얻은 사례들을 일일이 개요를 작성할 때 넣어서, 초고를 작성할 때 글의 주제가 변하지 않도록 해야 한다고 하였다.

개요를 작성한 다음에는 그 개요가 잘 작성되었는지를 살펴보는 것이 좋다. 좋은 개요에는 글의 주제가 무엇인지 분명하게 드러난다. 그 개요만 보더라도 글이 어떻게 전개될지를 예상할 수 있다면 좋은 개요라 할 수 있다. 즉 필자가 아닌 독자가 개요만을 가지고도 그 글을 쓸 수 있을 정도가 되어야 한다.

그런데 이러한 개요는 실제로 글을 쓰는 과정에서 중요한 과정의 하나이지만 이 개요가 반드시 보고서 내용의 하나로 드러나지는 않는다. 특히 정서의 교류를 목적으로 하는 글에는 이러한 개요를 목차와 같은 형식으로도 드러내지 않는다. 그러나 우리가 정보를 제공하거나 자기의 견해를 주장하고자 하는 글을 쓸 때는 이런 개요를 목차 형식으로 제시하게 된다.

개요는 일반적으로 글의 흐름을 잡고 그 흐름에 맞는 사례를 중심으로 작성하게 된다. 그때 그것을 표현하는 형식은 구체적인 문장일 수도 있고 명사나 명사구일 수도 있다. 그런데 이러한 개요가 보고서에 제시될 때에는 마치 제목을 나열한 것처럼 명사나 명사구로만 제시한다. 이런 명사나 명사구는 짧고 개념적일수록 좋다.

다음은 개요를 목차로 전환하는 과정을 보여준다.

〈표 20〉 개요의 목차화 사례(학생의 글)

개요(概要)	목차(目次)
싱크홀의 위험성	싱크홀의 위험성과 예방
I. 서론 　1. 이 글을 쓰게 된 배경:	1. 서론-싱크홀의 개념 2. 싱크홀의 원인

- 2012년 베트남에서 있었던 일. 3층 건물이 무너졌다.
2. 이 글의 목적 및 글 전체 개관

Ⅱ. 본론
1. 싱크홀이란 무엇인가?
2. 싱크홀의 원인은 무엇인가?
  2.1. 자연 현상
   - 석회암
   - 사례
   ㄱ. 미국, 2013. 8. 플로리다
    - YTN 뉴스를 참조.
   ㄴ. 베네수엘라
  2.2. 인간 활동
   - 인간의 무분별한 개발
   - 사례
   ㄱ. 과테말라, 2010. 5. CNN 뉴스
   ㄴ. 한국, 2012. 2.
  2.3. 대책
   - 싱크홀이 빈번한 지역은 사전에 지반을 검사해야 한다.
   - 물리 탐사
   - 지표투과레이더 이용

Ⅲ. 결론
  - 본론 요약하기
  - 싱크홀 예방에 따른 기대효과 제시

2.1. 자연현상
  2.1.1. 석회암
  2.1.2. 발생 지역
2.2. 인간 활동
  2.2.1. 무분별한 개발
  2.2.2. 발생 지역
3. 싱크홀 방지 대책
4. 결론

   개요에 비해 목차는 간단하고 명료하다는 특성이 있다. 개요에서 보여 주었던 사례와 구체적인 내용들이 목차에서는 드러나지 않는다. 그러면서도 목차는 개요와 마찬가지로 글이 어떤 방향으로 흘러갈 것인지, 어떤 내용을 포함할 것인지를 보여주고 있다.

글 자체가 짧으면 개요와 목차 사이에 차이가 크게 나지 않을 수 있다. 글을 작성하는 데 익숙해진 사람들은 목차 형식과 같이 개요를 간단하게 작성하여 글을 쓰는 경우가 많다. 개요를 간단하게 작성하더라도 그 안에 어떤 것들을 넣어야 할지 머릿속에 잘 담겨 있기 때문이다.

보고서를 제출할 때에는 개요를 제시하지 않고 목차를 제시해야 한다. 그러므로 독자가 목차만을 보고 그 보고서가 어떤 내용일 것인지를 알 수 있게 작성해야 한다. 다음의 목차가 어떤 점에서 잘 짜여 있고 또 어떤 점에서 잘 짜이지 않았는지를 살펴보자.

〈예시 1〉

한국의 학벌지상주의

I. 서론
II. 본론
　2.1 학벌지상주의의 정의
　2.2 학벌지상주의의 실태
　2.3 학벌지상주의의 문제점
　2.4 학벌지상주의의 배경
　2.5 학벌지상주의의 요인과 해결 방안
III. 결론
IV. 참고 자료

〈학생의 글〉

〈예시 1〉의 '한국의 학벌 지상주의'는 글의 내용을 잘 암시하지 못하고 있다. 이 제목은 글감을 제목으로 표현한 것으로 글의 주제를 암시하고 있지 못한다는 점에서 보고서의 제목으로서 적합하지 않아 보인다.

〈예시 1〉의 목차를 보면 '서론-본론-결론' 3단 구성으로 되어 있고 본론은 '정의-실태-문제점-배경-요인-해결 방안'의 순서로 제시되어 있다. '학벌지상주의'의 정의는 이 글에서 특별하게 다시 정의하지 않을 것이라면 굳이 본론에서 다룰 필요가 없다. 왜냐하면 서론에서 이 글의 목적을 제시할 수밖에 없고 그 목적을 서론에 제시하는 과정에서 이 용어가 등장하게 될 것이므로 이에 대한 정의는 서론에서 이 단어가 처음 제시된 다음에 제시되어야 한다.

본론에서의 순서를 살펴보자. 이 목차에서 '배경'이 왜 '문제점'과 '요인' 사이에 배치되어 있는지 선뜻 이해할 수 없다. 글을 실제로 읽어 보면 그러한 의문이 사라질 수 있을지 모르겠지만 일반적으로는 〈예시 1〉과 같은 배열 방식을 일반적인 필자들은 선호하지 않는다.

어떠한 현상을 보여주는 것으로 어떤 실태를 보여줄 수 있고 그러한 실태에서 어떤 문제점을 찾을 수 있다. 그리고 그러한 문제점을 해결하기 위해서는 무엇보다 그 문제의 원인을 분석하는 것이 중요하다. 그 문제의 원인을 알아야 그것을 제거하는 것으로 해서 그 문제가 해결될 수 있기 때문이다. 이러한 점에서 '본론'에서 '배경'만 제외하고 보면 이 목차는 잘 정리된 것이라 할 수 있다.

초안(학생의 글)	수정안(학생의 글)
한국의 학벌지상주의	한국의 학벌지상주의 문제와 해결 방안
I. 서론 II. 본론 　2.1. 학벌지상주의의 정의 　2.2. 학벌지상주의의 실태 　2.3. 학벌지상주의의 문제점 　2.4. 학벌지상주의의 배경 　2.5. 학벌지상주의의 요인과 해 　　　결 방안 III. 결론 IV. 참고 자료	I. 서론 II. 본론 　2.1. 학벌지상주의의 실태 　2.2. 학벌지상주의의 문제점 　2.3. 학벌지상주의의 요인과 　　　해결 방안 III. 결론 참고 자료

어떤 현상에서 '문제'와 '요인'은 관련이 있고 또 '요인'과 '해결 방안' 역시 직접적으로 관련이 있다. 그러므로 아래의 A안처럼 '문제'와 '그 요인'을 묶고, '해결 방안'을 독립된 항목으로 설정하여 설명할 수 있다. 또는 B안처럼 '문제'를 '요인과 해결 방안'을 분리하여 설명하는 방법이 있을 수 있다. 이것을 어떻게 나눌 것인지는 보고서 내용이나 각 항목의 분량 등을 고려하여 정한다.

A안	B안
2.1. 학벌지상주의의 실태	2.1. 학벌지상주의의 실태
2.2. 학벌지상주의의 문제와 그 요인	2.2. 학벌지상주의의 문제
2.3. 학벌지상주의의 해결 방안	2.3. 학벌지상주의의 요인과 그 해결 방안

아래의 C안과 같이 'Ⅱ. 본론'의 하위 영역을 '2.1.~2.3.'으로 구분할 수도 있지만 아래의 D안에서와 같이 'Ⅱ. 본론'을 삭제하고 본론의 내용을 바로 장(章)으로 삼아 목차에 제시할 수도 있다.

C안	D안
Ⅰ. 서론	1. 서론
Ⅱ. 본론	2. 학벌지상주의의 실태
2.1. 학벌지상주의의 실태	3 학벌지상주의의 문제와 그 요인
2.2. 학벌지상주의의 문제와 그 요인	4 학벌지상주의의 해결 방안
2.3 학벌지상주의의 해결 방안	5. 결론
Ⅲ. 결론	

우리가 보고서를 작성할 때에는 개요를 목차 형식으로 바꾸자. 그리고 독자가 글의 흐름을 이해할 수 있도록 목차를 만들자.

활동

가. 다음 〈예시 1〉과 〈예시 2〉는 학생이 최초로 작성한 보고서 제목이 최종 완성되기까지의 과정입니다. 선생님이 학생에게 몇 가지를 질문하였고 그 질문에 대해 학생이 고민한 다음 이를 제목에 반영한 것입니다. 친구들과 함께 선생님의 질문에 의해 제목이 어떻게 변화하는지 살펴봅시다.

〈예시 1〉

① 한류의 발전과 중국 방송에 미치는 영향(초안)

문제점 '한류'의 개념이 넓다. '한류'의 개념을 좁혀 보자.

⬇ (수정)

② 한국 예능 프로그램의 발전과 이것이 중국 방송에 미치는 영향 – '런닝맨'과 '아빠 어디 가'를 중심으로 –

문제점 중국 방송 어디에 영향을 미치는가?

⬇ (수정)

③ 한국 예능 프로그램의 발전과 이것이 중국의 새 방송 프로그램 개발에 미치는 영향 – '런닝맨'과 '아빠 어디 가'를 중심으로 –

문제점 영향이 부정적인가 긍정적인가?

⬇ (최종)

④ 한국 예능 프로그램의 발전과 이것이 중국의 새 방송 프로그램 개발에 미치는 긍정적 영향 – '런닝맨'과 '아빠 어디 가'를 중심으로 –

〈예시 2〉

① 한국 여성 유방암의 연구(초안)

문제점 전 연령층을 대상으로 할 것인가? 어느 연령층을 대상으로 글을 쓰는 것이 독자에게 관심을 끌겠는가?

⬇ (수정)

② 20~30대 한국 여성 유방암의 연구

문제점 유방암을 왜 연구하는가?

⬇ (최종)

③ 20-30대 한국 여성 유방암 발생 원인과 그 예방 대책

나. 다음의 목차들을 살펴보고 어떤 제목으로 된 목차가 좋은 목차인지 살펴봅시다.

〈예시 3〉

한국 방송 산업의 현황의 연구

1. 서론
2. 본론
   2.1. 현황
      2.1.1. 1990년대의 현황
      2.1.2. 2010년의 현황
   2.2. 발전의 분석
      2.2.1. 발전의 요인
         A. 문화 산업 진흥기본법 등의 정책을 지지함
         B. 한류 열풍의 영향
      2.2.2. 발전의 문제점
         A. 언어 파괴 현상
         B. 표절 및 모방 현상
3. 대책
4. 결론
〈참고 문헌〉

〈예시 4〉

산동반도와 한국 경제의 합작

1. 서론
   1.1. 연구 배경
   1.2. 연구 목적
2. 본론
   2.1. 산동반도와 한국의 경제 배경
   2.2. 산동반도와 한국 경제 합작 파트너로 좋은 점
   2.3. 중국과 한국 합작은 세계공황에서 중요한 역할을 한다.
3. 결론
〈참고 문헌〉

〈예시 5〉

한국 화장품이 성공하는 원인에 관한 연구
−태평양의 마케팅 전략을 중심으로

Ⅰ.서론

  1. 연구 목적 또는 필요성

  2. 전략 분석 방법- STP 분석법

Ⅱ.본론

  1. 태평양 기업의 개황

  2. 태평양의 마케팅 전략 분석(STP 분석법)

    2.1. S-시장 세분화(Segmenting)

       (브랜드 컴퍼니에 대해 소개하기, 브랜드 '설화수' 중심으로)

    2.2. T-표적 시장 선정(Targeting)

       (디자인에 대해 소개하기, 브랜드 '에뛰드 하우스' 중심으로)

    2.3. P-위치 선정(Positioning)

  3. 중국 화장품 시장과의 비교를 통한 현황 및 제안

    3.1. S-시장 세분화 방면

    3.2. T-표적 시장 방면

    3.3. P-위치 선정 방면

Ⅲ. 결론

다. 자신의 보고서의 제목을 '가'의 예시대로 스스로에게 질문하면서 구체화하여 완성해 봅시다.

처음	최종

가. 자신이 작성한 보고서의 개요를 목차 형식으로 바꾸어 봅시다.

개요	목차

나. 자신이 작성한 개요 또는 목차를 가지고 옆 사람에게 이야기하듯 설명해 봅시다.

다. 그리고 옆 사람은 그 이야기를 들으면서 궁금한 점, 이해하지 못하는 점, 설명이 좀 더 필요한 것 등이 있는지를 살펴 그것을 이야기한 사람에게 질문해 봅시다.

라. 옆 사람이 질문한 내용을 자신의 보고서 목차 어느 부분에 넣을지 생각해 보고 이를 반영해 봅시다.

제13과

보고서의 초고 작성

학생: 제가 글을 쓸 때 생각했던 것과는 왜 다른 방향으로 글이 진행되는 것입니까?

선생님: 자네는 글을 쓰기 전에 주제문을 작성한 후 그에 맞게 개요를 작성하는가?

학생: 네. 주제문도 작성하고, 그에 맞게 여러 내용을 골라서 그것을 배치하는 과정을 거쳤습니다. 그리고 확정된 내용을 개요로 만들어 그것을 토대로 글을 썼습니다.

선생님: 그래? 자네가 그렇게 했는데도 글이 생각치 못한 방향으로 자꾸 흘러간다는 것이지?

학생: 네, 선생님.

선생님: 개요를 작성하고 글을 쓰더라도 글을 쓰는 과정에서 생각이 바뀔 수 있다네. 그래서 글이 본래의 생각대로가 아닌, 전혀 예상치 못했던 방향으로 흘러갈 수도 있지. 때로는 약간 다른 방향으로 흘러갈 수도 있고. 이런 현상은 우리가 글을 쓰기 전에 자료를 충분히 모으지 않았거나, 자료를 모아도 그 자료에 대해 치밀하게 분석하거나 생각하지 못한 채 개요를 작성할 때 생긴다네. 글을 쓰는 것은 우리의 생각이 구체화되어 가는 과정인데 이때 우리가 그것을 명확하게 구체화시키지 않은 상태에서 새로운 정보를 얻었거나, 또는 우리가 알고 있는 정보에 대해 정확하게 인식하지 못해 판단을 잘못할 때 우리의 마음이나 판단이 흔들리는 경우가 많다네. 그래서 우리가 어떤 선택의 기로에 있을 때 우리는 개요를 작성할 때와는 다른 쪽을 선택하게 되는데, 그렇게 선택하면 애초에 우리가 생각했던 것과는 전혀 다른 방향의 결론으로 글을 쓰게 되는 것이야.

학생: 그러면 글을 쓰기 전에 개요를 작성하는 것이 의미가 있는 것입니까?

선생님: 개요를 작성하더라도 글을 쓰다 보면 글이 다른 쪽으로 흘러가는 경우가 많아서 이를 방지하기 위해 개요를 작성하기 전에 만전(萬全)을 기하려고 하지만 그것이 그렇게 쉽지 않지. 그래서 많은 사람들은 개요를 작성하기는 하되 글을 쓸 때는 꼭 개요의 순서대로 글을 쓰지 않는다네.

생각해 보기

- 본론을 쓰다가 생각치 못한 부분이 떠오르게 되면 어떻게 할까?
- 인용은 어떻게 해야 하는가?

1. 보고서 작성의 순서

보고서는 서론부터 쓰기 시작해서 결론까지 한 번에 다 쓰는 것이 아니다. 우리가 읽는 글의 순서는 대체로 서론, 본론, 결론의 순으로 되어 있다. 글의 순서가 그렇게 되어 있으므로 글도 그 순서대로 쓰면 될 것 같지만 그렇지 않다. 왜냐하면 글을 쓰다 보면 생각이 바뀔 수 있기 때문이다. 우리는 가급적이면 그러한 일이 없도록 하기 위해 개요를 작성하고, 그 개요를 작성하기 전에 주제와 관련한 자료를 충분히 검토한다. 그리고 그 자료를 정리하면서 그렇게 정리한 자료를 글에 배치할 때 신중을 기하는 것이 일반적이다. 그렇지만 우리가 쓰고자 하는 글이 우리가 감당하기 어려운 주제에 해당하고, 또 우리가 글을 쓸 때 글을 준비하는 단계에서 시간에 쫓기다 보면 그렇게 할 수 없는 경우가 더 많다.

분량이 적은 글을 쓸 때에는 우리의 생각이 바뀌더라도 이를 바로바로 글로 반영하기란 어렵지 않다. 그렇지만 우리가 쓰려고 하는 글의 분량이 많아지는 경우에는 서론이 조금이라도 다른 방향으로 흘러가게 되면 우리는 본론을 계획대로 써 내려가기란 쉽지 않다. 그리하여 대개 글을 쓸 때에는 본론, 결론, 서론의 순으로 글을 쓴다.

> 긴 글의 보고서는 본론-결론-서론 등의 순서로 작성하는 것이 좋다.

〈표 21〉 보고서의 순서와 보고서의 작성 순서

보고서의 순서: ① 서론 → ② 본론 → ③ 결론
보고서의 작성 순서: ① 본론 → ② 결론 → ③ 서론

우리가 한 편의 여행기를 작성할 필요가 생겨 여행지 한 곳을 정한 다음 그곳에 다녀와서 한 편의 글을 작성해야 한다고 가정해 보자. 우리는 글의 구상 단계에서 어디를 왜 갈 것이며, 그곳에서 무엇을 할 것이며 하는 생각을 떠올릴 것이다. 그리고 그러한 질문에 적

절한 정보를 찾아 그것을 메모할 것이며, 그 메모를 토대로 우리는 좀 더 구체적인 계획을 세우게 될 것이다. 그리하여 우리가 무더운 여름에 시원한 물놀이를 하기 위해 부산의 해운대의 해수욕장으로 놀러갈 계획을 세웠다고 하자.

부산의 해수욕장에 놀러가기 위해 여러 정보를 수집하고 그 정보를 토대로 교통과 숙박 관련 계획을 세우고, 교통편과 숙박을 예약한 다음 서울에서 KTX를 타고 부산 해운대의 해수욕장에 도착했다고 가정해 보자. 이러한 경우라면 우리가 애초에 계획한 대로 일이 순조롭게 진행되었다고 생각할 수 있다.

그런데 만약 우리가 부산으로 가는 도중에 뉴스를 보았다고 치자. 그 뉴스에서 해운대 해수욕장에 몰린 수많은 인파 보도를 보고 갑자기 사람에 질려 버려 부산 해수욕장에 가기가 꺼려진다면 또는 뜻밖의 기후 변화로, 예를 들면 강한 태풍이 부산에 들이닥쳐 애초에 계획한 것을 실행하기에 어려울 것 같으면 우리는 애초에 우리가 계획한 대로 부산 해운대 여행을 강행할 것인가? 그래서 그 여행 일정 내내 숙소에서 지낼 것인가 생각해 보아야 한다. 그렇게 지내는 것이 바람직하다고 생각되지 않을 경우, 우리는 우리의 계획을 과감하게 포기하고 다른 계획을 세워 새로운 여행 일정을 모색해 볼 것인가를 판단해야 한다.

이러한 상황에서 우리가 나중에 여행기를 어떻게 써야 할지 판단하는 것은 쉽지 않다. 물론 어떤 계획을 세우고 그 계획대로 행동하려 했으나 그 당시의 사정이 여의치 않아서 그 여행을 계획대로 즐겁게 보내지 못했다고 솔직하게 글을 쓸 수가 있다. 우리가 경험했던 사실을 그대로 글로 작성하는 것이다. 그렇지만 실제로 우리가 예상하지 못한 그런 일들이 발생할 경우 그 여행 기간 우리는 실제로 행복하지 않을 것이고 또한 그것을 사실 그대로 글로 쓴다고 했을 때 그 글을 읽는 사람 역시 그 글을 재미있게 읽지 못할 것이다.

그러나 우리가 새로운 정보나 환경에 신속하게 대처해서 부산에

도착하기 전에 동대구쯤에서 하차하여 강원도의 경포대로 일정을 변경하기로 했다면 우리는 다시 경포대를 어떻게 갈 것이며, 그곳에서 무엇을 할 것이며 등에 대한 계획을 세워야 한다. 그리고 그러한 내용을 여행기에 넣어야 한다. 그런데 문제는 이러한 경우에도 기존의 해운대와 관련한 계획을 살려둔 채 경포대와 관련된 정보를 글의 내용에 넣을 것인지 판단해야 한다. 그것이 아니면, 해운대와 관련한 계획의 전체를 삭제하거나 일부만 남긴 채 강릉 경포대와 관련한 내용만을 글에 넣을 것인지를 판단하여야 한다. 여기서 중요한 것은 경포대 관련 내용이 전체의 내용에 주류(主流)가 되어야 한다는 점이다. 사정이 이럴 경우 서론에 제시했던 부산 해운대 해수욕장에 대한 내용을 어떻게 할 것인가? 그대로 둘 것인가? 아니면 본문 내용에 맞게 다시 서론 부분을 고칠 것인가 하는 것이 우리가 글을 쓰는 데 있어 문제가 된다.

중요한 것은 아무리 계획서를 잘 짠다고 하더라도 그것을 실행하는 과정에서 어쩔 수 없이 계획을 변경해야 할 일이 생길 수도 있다는 점이다. 그럴 경우 서론의 내용은 크게 바뀔 수밖에 없다. 그러므로 이러한 일들을 방지하기 위하여 우리는 글을 쓰기 전에 개요를 짜고 이를 토대로 본문을 먼저 작성하되 결론과 서론은 나중에 쓰는 것이 좋다. 글을 중간부터 작성하는 것이 낯설고, 그러한 방식이 얼핏 논리상 맞지 않는다 하여도 여기에서 제시한 대로 작성해 보기 바란다.

2. 인용

2.1. 인용의 필요성

> 학생 1: 2년 후에 대학 입시 제도가 바뀐대. 너 그 내용 아니?
>
> 학생 2: 무슨 소리야? 대학 입시 제도가 왜 바뀌는데?
>
> 학생 1: 2년 후에 정말 대학의 입시 제도가 바뀐다니깐. 내 말이 곧 이 안 들려?
>
> 학생 2: 내가 네 말을 어떻게 믿니. 그런데 그 정보 정말이야?
>
> 학생 1: 그렇다니깐.
>
> 학생 2: 그런데 누가 그래? 너는 그 정보를 어디서 들었어?
>
> 학생 1: 우리 담임 선생님.
>
> 학생 2: 네 담임 선생님께서 말씀하셨다면 그건 사실이겠네. 그런데 네 선생님은 그 정보를 어디서 들으셨대?
>
> 학생 1: 몰라. 그것은 우리에게 말씀 안 해 주셨어.

가급적이면 전문가의 자료나 견해를 활용하자!

우리가 어떤 내용을 보고서에 제시하고자 할 때 독자들은 그 내용에 대해 의심하는 경우가 많다. 특히 필자가 독자와 다른 생각을 갖고 있거나 다른 주장을 펼치는 경우라면 더욱 그러하다. 독자는 어떤 정보에 대해 그 내용이 과연 사실인가를 늘 의심하게 되고 우리는 독자의 이러한 의심을 미연에 없애는 장치를 글에서 마련해야 한다. 그렇다면 우리는 독자의 이러한 의심을 어떻게 없앨 수 있을까?

우리가 남들이 알고 있는 정보와 똑같은 정보를 글에 제시한다고 전제하더라도 그 정보를 누가 제시하였는가는 매우 중요한 문제이다. 왜냐하면 어떤 정보에 대해 그 분야의 전문가가 그 정보를 제시하면 독자들은 그 내용에 대해 어느 정도 신뢰할 수 있지만 그렇지 않은 경우라면 그 내용에 대해 그렇게 신뢰하지 않기 때문이다.

그 분야의 전문가라고 하더라도 독자가 생각하기에 상대적으로 누가 더 전문가인가를 따지게 되므로 우리가 어떤 정보를 제공할 때에는 이왕이면 그 정보에 관해 권위가 있는 전문가의 의견을 제시하는 것이 바람직하다. 생각해 보라. 예를 들어 금년도 대학 입시 정보에 대해 교육부 장관, 고등학교 교사, 중학교 교사, 초등학교 교사, 학부모, 소설가 등이 어느 단상에 나와 얘기한다면 우리는 누구의 말에 더욱 더 귀를 기울이게 되는가?

그 분야에서 권위가 있는 어떤 전문가가 어떤 정보를 독자에게 제공한다고 하더라도 독자는 그 정보가 사실인지 아닌지를 확인하고 싶어 하는 것이 인지상정(人之常情)일 것이다. 독자의 이러한 의구심을 줄이는 방법의 하나는 필자가 독자에게 그 분야의 전문가가 언제, 어디에서 어떻게 그와 같은 정보를 제시했는가를 밝혀 주는 것이다. 예를 들어서 우리의 부모들이 성공과 출세의 요인으로 '학벌과 연줄'을 중요하게 생각한다는 내용을 필자가 독자에게 전달할 때, 대부분의 독자들은 그 내용에 대해 수긍하겠지만, 일부 독자들은 그 내용에 대해 부정할 수도 있고 부정하고 싶을 때도 있다. 그때 필자는 독자들이 그 내용을 어느 정도로 신뢰할 수 있도록 다시 말해 그러한 내용이 단순히 필자의 추측이 아님을 글에 드러낼 필요가 있다. 그리하여 아래에서와 같이 어떤 근거를 제시하는 것으로 독자의 의심을 없애려고 한다. 그리고 글을 쓸 때에는 바로 이러한 태도를 견지하는 것이 바람직하다.

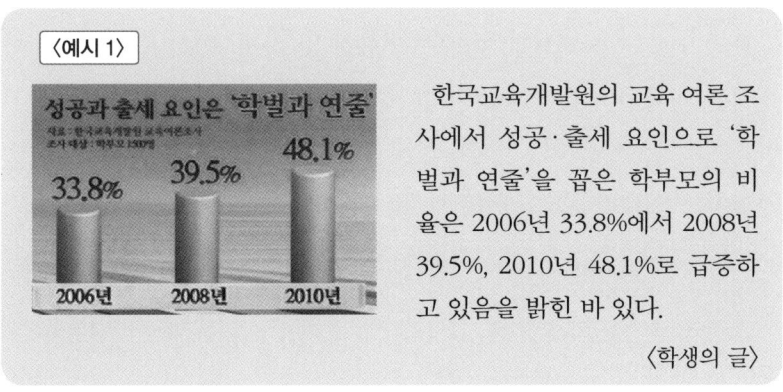

〈예시 1〉

성공과 출세 요인은 '학벌과 연줄'
자료 : 한국교육개발원 교육여론조사
조사 대상 : 학부모 1500명

33.8% 2006년
39.5% 2008년
48.1% 2010년

한국교육개발원의 교육 여론 조사에서 성공·출세 요인으로 '학벌과 연줄'을 꼽은 학부모의 비율은 2006년 33.8%에서 2008년 39.5%, 2010년 48.1%로 급증하고 있음을 밝힌 바 있다.

〈학생의 글〉

남의 것을 인용할 때는 출처를 분명하게 밝히자!

〈예시 1〉에서 아쉬운 것은 '한국교육개발원'의 '교육 여론 조사'가 언제, 누구를 대상으로 여론을 조사한 것인지를 밝히지 않았다는 점이다. 필자가 인용한 출처를 밝히는 것은 중요한 문제이므로 자료를 조사할 때 또는 자료를 정리할 때 그 자료의 출처를 메모해야 한다.

학생들이 인용하는 정보 중 일부는 포털사이트에서 가져온 것들이다. 즉 학생들은 글을 쓸 때 블로그, 카페, 위키백과, 인터넷 기사 등에서 정보를 가져온다. 그런데 우리가 잘 알고 있다시피 인터넷상에서 떠돌고 있는 정보는 사실이 확인되지 않은 정보이거나 확인할 수 없는 정보가 많다. 나아가 그곳에서 제공한 정보에는 왜곡된 것도 있다. 그러므로 인터넷상에 있는 정보를 우리가 우리의 견해를 주장하는 근거로 사용한다거나 또는 어떤 정보를 독자들에게 전달하는 데 사용할 때 상당히 유의해야 한다. 인터넷상에 있는 정보와 같이 신뢰도가 떨어지는 정보는 우리가 주장하고자 하는 견해와 제공하고자 하는 정보에 오히려 독(毒)이 될 수 있다. 그러므로 인터넷상의 정보는 처음부터 글에 인용하지 않는 것이 오히려 좋다. 인터넷상의 정보는 어떤 정보에 대해 실마리를 찾기 위해 또는 그 정보의 대략적인 윤곽을 잡는 데에만 활용하였으면 한다.

2.2. 출처 제공 항목

우리가 출처를 메모할 때에는 중요한 몇 가지 정보가 필요하고 이 출처에 대한 정보를 각주(脚註)에 달거나 또는 참고 문헌에 제시하여야 한다. 각주나 참고 문헌에 이를 제시할 때의 양식은 아래와 같다. 여기서 제시한 예는 김경훤 외(2012)에서 제시한 용례와 동일하다.[1]

---

1) 김경훤·김미란·김성수(2012), 『창의적 사고 소통의 글쓰기』, 성균관대학교출판부, 202-206쪽.

우리가 글을 쓸 때 출처를 밝히지 않는 경우가 많으므로 남의 글이나 생각 등을 우리의 글에 가져올 때에는 출처를 밝혀야 함을 재삼 강조할 필요가 있다. 여기서는 두 가지만 제시한다.

- 출처가 책인 경우:
  강신항, 『훈민정음 연구』, 서울: 성균관대학교출판부, 2005, 145쪽.
  ☞ 겹낫표(기호:『』)는 책명 표시임.
- 출처가 논문인 경우:
  이병근, 「음장의 사전적 기술」, 『진단학보』, 제70호, 서울: 진단학회, 1990, 45쪽.
  ☞ 낫표(기호:「」)는 논문명 표시임.

2.3. 인용 방식

남의 글을 인용하는 방식에는 세 가지가 있다. 그것은 직접 인용, 간접 인용, 재인용이다. 직접 인용은 필자가 원래의 문장을 그대로 가져와 인용하는 것을 말한다. 필자가 직접적으로 원문을 인용하는 경우는 원문의 내용이 아니고는 특별한 표현을 달리 찾을 수 없는 경우이다. 필자가 원문의 표현을 달리해서 그 원문의 의미가 왜곡될 우려가 있다고 판단하게 되면, 그리하여 독자가 자칫 원문의 의미를 잘못 이해할까 우려하는 경우에는 필자가 원문을 그대로 인용하게 된다.

직접 인용의 대표적인 예는 시, 시조나 소설, 희곡, 수필, 기행문 등과 같은 글에서 원문을 그대로 가져오는 경우이다. 이럴 때에는 본문의 내용과 구별하여 새로운 문단으로 인용한다.

이들 기록 가운데 10세기경 오늘의 투르크메니스탄(카스피 해(海) 동남부)에 거주하던 남부 돌궐족(突厥族)에 속하는 Oγuz족(族)의 장례 (葬禮)를 목격한 여행가(旅行家) Ibn-Faldan의 설명(說明)을 인용(引用) 한다.(Boyle, 1965:149)

> 그들 가운데 어느 한 사람이 죽으면 사람들은 집 모양의 큰 구 덩이를 판 뒤에 사자(死者)에게 허리띠와 활을 올려놓는다. 그리 고 사자(死者)의 손에 술이 담긴 나무 술잔을 쥐여 주고 또 사자(死 者) 앞에 술이 담긴 나무로 된 항아리 같은 것을 놓는다. 사람들은 평소 사자(死者)가 소유했던 모든 물건들을 그 집(파 놓은 구덩이)에 갖다 놓는다. 그리고는 사자(死者)를 그 집안에 앉힌 뒤 지붕을 진 흙으로 둥글게 덮는다. 그런 다음 사람들은 사자(死者)의 말을 그 가 소유(所有)했던 양(量)에 따라 일백이나 이백 마리, 또는 그들 중 한 마리를 죽여 살은 먹고 머리, 다리, 가죽과 꼬리를 나무 위 에 널어 놓고 "이것들이 사자(死者)가 하늘나라에 타고 갈 말들입 니다"하고 말한다. - 以下 略-

위의 기술(記述)에서 말을 죽여 제(祭)를 지내는 것 이외에 Oγuz Turk인(人)들의 무덤이 둥근 봉분(封墳) 모양이고 그것이 그들의 가 옥(家屋)과 같은 모양을 하고 있음을 알 수 있는데 이는 말갈인(靺鞨 人)의 집이 둥근무덤(구총(丘冢))과 같다는 기록(記錄)과 일치(一致)한 다.[1]

남의 글에서 짧은 문장을 인용할 때의 표현은 대체로 다음과 같다.

---

1) 이등룡, 「古代 韓國語와 突闕語의 관계-靺鞨, 그들은 누구였는가?」, 『대동문화연구』 24, 서울: 성균관대학교 대동문화연구원, 1990년 293쪽에서 인용.

- 직접 인용
- "언어가 인간의 행동과 사고의 양식을 결정한다."라고 주장하였다.
- "만물의 근원은 물이다."라고 주장한다.

- 간접 인용
- 언어가 인간의 행동과 사고의 양식을 결정한다고 정의하였다.
- 만물의 근원은 물이라고 주장한다.

남의 글을 직접적으로 인용할 때에는 인용격 조사 '라고'를 쓰면서 그 앞에 인용하는 문구에는 큰따옴표(기호: " ")를 사용한다.

　직접 인용이 필자가 원문의 표현을 그대로 자기 자신의 글에 옮기는 것이라면, 간접 인용은 필자 자신의 방식으로 원문의 내용을 자기의 글에 인용하는 것을 말한다. 간접 인용은 우리가 인용하고자 하는 원문이 길어서 이를 요약해야 한다거나 또는 원문의 내용 일부를 자신의 말투로 바꾸어 글에 제시하는 경우이다. 간접 인용 방식은 직접 인용 방식과는 다르게 원문의 내용을 간단하게 언급하면서 자신의 생각을 덧붙일 수도 있는 방식이기도 하다.

직접 인용	간접 인용
『프랑스 여성 글쓰기사』의 편집자는 그 서문에서 "여성 글쓰기의 역사에 있어 (중략) 어느 시대나 여성의 문학적 생산을 설명하려고 한다면, 널리 퍼져 있는 성별 이데올로기, 여성의 활동, 사회적 정치적 경제적 문화적 영역들과 관계에 대해 설명하지 않으면 안 된다."[1]라고 여성주의 시각에 대한 입장을 밝혔다.	『프랑스 여성 글쓰기사』에서는 여성 글쓰기의 역사를 바라봄에 있어서 페미니스트적 접근 방식을 고려하지 않고, 더 넓은 시각으로 성별 이데올로기나 여성의 활동, 사회적 정치적 경제적 문화적 영역들과의 관계까지도 함께 고려하고 있다.[1]
1) Sonya Stephens, ed., A History of Women's Writing, New York: Prentice Hall, 1998. p.2.	1) Sonya Stephens, ed., A History of Women's Writing, New York: Prentice Hall, 1998. p.2.

우측에 있는 간접 인용의 예에서 보이는 출처 제시 방식은 일반적인 것이 아니다. 이것을 일반적인 방식으로 수정하려 하였으나 그 학생이 무엇을 인용한 것인지 확인할 길이 없어 학생이 작성한 본래의 것을 그대로 제시하게 되었다.

직접 인용(학생의 글)	간접 인용(학생의 글)
한국 드라마 속의 배우들을 통해서 중국인들은 한국 의류에 대해 관심이 높아졌다. …… 〈중략〉 …… 중국인들, 특히 중국 여성들은 한국 방문 시, 동대문 상권의 도매상가 등에서 한국 의류를 구매하는 경우가 많아졌다. 이에 각 상가에서는 물론 면세점에서도 중국인 통역원을 배치하는 등 중국 고객에 대한 서비스를 점점 확대해 가고 있다. 연합뉴스(2013.10.27.)에서는 2013년 관세청이 국회에 제출한 국정감사 자료를 근거로 "중국인의 국내 면세점 이용액이 한국인을 앞선 것은 이번이 처음이다."[1]라고 밝힌 바 있다.	중국은 한국의 온라인 게임을 한국에서 많이 수입하였다. 2013년 들어 모바일 게임으로 급속히 전환되고 있으며 특히 한국 스마트게임에 대한 관심이 많아졌다. 2014년 중국 모바일 사용자가 4억 6000만 명을 넘어섰다.[1]

1) 최이락, "중국인, 국내면세점 이용액 한국인 첫 추월", 〈연합뉴스〉, 2013년 10월 27일. (http://www.yonhapnews.co.kr/bulletin/2013/10/25/0200000000AKR20131025194500002.HTML?input=1179m/, 2014. 5. 23.)

1) 문화체육관광부, 중국 한류실태 설문조사(2012), p. 7.

재인용이란 필자가 원문을 인용해야 하는데 그 원문을 사정상 인용할 수 없을 때 다른 사람이 인용한 것을 다시 인용하는 경우이다. 보고서와 같은 학술적인 글쓰기에서 재인용은 바람직하지 않다.

재인용
오늘날 한글이라 부르는 전적으로 독창적이고 아주 훌륭한 음성표기의 글자체를 창조했는데, 이것은 어떤 나라에서고 일반적으로 사용되는 아마 가장 과학적인 문자체계이며 더 간단히는 '세계 최상의 알파벳'[1]으로 묘사되어 왔다.

1) F. Vos, "Paper on Korean studies in J. K", Papers of the CIC Far Eastern Language Institute, The University of Michigan, 1964, p.35. 제프리 샘슨, 『세계의 문자체계』, 신상순 역, 서울: 한국문화사, 2000, 162쪽에서 재인용.

남의 정보나 견해 등을 자기 자신의 보고서에서 활용할 때에는 그것이 누구의 것인지, 그것을 어디에서 가지고 왔는지를 제시해야 한다. 이와 같이 인용의 출처를 밝힐 때에는 위에서처럼 각주 형식으로 출처를 밝히는 경우가 있지만 다음에서와 같이 본문 내에서 짧게 원저자와 그 글의 간행연도 그리고 인용한 쪽수만을 밝히는 경우도 있다. 이렇게 본문 내에서 인용의 출처를 간단하게 밝힐 때에는 여기서 제시하지 않은 기타 정보 즉 원문의 제목, 학술지명 등은 우리의 보고서 끝, 맨 마지막에 있는 '참고 문헌'에 제시하여야 한다.

본문 내에서 출처를 밝히는 경우	
교재의 예	학생의 글
『프랑스 여성 글쓰기사』에서는 여성 글쓰기의 역사를 바라봄에 있어서 페미니스트적 접근 방식을 고려하지 않고, 더 넓은 시각으로 성별 이데올로기나 여성의 활동, 사회적 정치적 경제적 문화적 영역들과의 관계까지도 함께 고려하고 있다.(Sonya Stephens, 1998:2)	최근 10대들의 미용 성형수술 빈도가 급속하게 늘었다고 한다. 시사저널(2008.08.31.)에 따르면 서울 소재 10여 개 성형외과에 문의한 결과 전체 환자의 8% 가량 차지하던 10대 성형이 최근 들어 15%에 이른다고 한다. 종로에 위치한 성형외과는 "고교생은 기본이고 중학생, 심지어 초등학생까지 상담 받으러 온다."라고 전했으며, 남학생들의 성형수술도 늘었다는 반응이다. 이 기사에 의하면 10대 성형의 풍조를 일으킨 것은 외모지상주의라는 분석이다.(민지현, 2008:40)

활동

가. 다음을 읽고 인용 표현을 이용하여 '부의 의미'에 대해서 설명해 봅시다.

앨빈 토플러(2006:37~38)에 따르면 부는 ~

앨빈 토플러(2006), 앨빈 토플러 부의 미래, 청람출판, 37~38쪽.

부의 의미

욕망이란 절대적인 필요에서 일시적인 욕구까지 모든 경우를 의미할 수 있다. 어떤 경우이건 부란 갈망을 만족시키는 그 무엇을 의미한다. 부는 참을 수 없는 갈망을 해소해 준다. 한 번에 한 가지 이상의 욕망을 만족시킬 수도 있다. 예를 들어 거실 벽을 아름답게 치장하고 싶을 때, 그곳에 걸린 그림 한 점은 비싸지 않은 모조품일지언정 잠시 멈춰 서서 바라볼 때마다 작은 기쁨을 준다. 그와 동시에 나의 고상함이나 사회적인 품격을 손님에게 인상 깊게 심어 주고 싶은 욕망을 충족시킬 수도 있다. 한편 부가 은행 계좌, 자전거, 창고를 가득 채운 음식이나 의료보험증이라고 여길 수도 있다.

사실 부를 대략적으로 정의해 보면 그 형태가 공유든 아니든 일종의 소유라고 말할 수 있다. 경제학자들은 이를 효용(utility)이라 부른다. 즉 부는 우리에게 어떤 형태의 웰빙(well-being)을 제공하거나 다른 형태의 부로 교환할 수 있게 만든다. 물론 어떤 경우에건 부는 욕망의 소산이다. 그렇기 때문에 부에 관한 생각 자체를 혐오하는 사람들이 생겨나기도 하는 것이다.

나. 윗글을 읽고 사람들이 부에 관한 생각 자체를 혐오하는 이유에 대해서 인용 표현을 이용하여 설명해 봅시다.

앨빈 토플러(2006:37~38)에 따르면 ~

다. '가'의 자료를 인용하여 짧은 글을 써 봅시다. (직접 인용 방식과 간접 인용방식, 본문 주 방식과 각주 방식 중 하나 선택)

가. 먼저 보고서에서 인용할 원문을 4개 이상 제시하고 이를 인용하는 글을 써 봅시다. 인용할 때 직접 인용 방식과 간접 인용 방식, 본문 주 방식과 각주 방식을 모두 사용하여 인용해 봅시다.

① 출처:

② 원문:

③ 인용
 - 직접 인용 방식:

 - 간접 인용 방식:

 - 본문 주 방식:

 - 각주 방식:

나. 제11과와 제12과에서 작성했던 개요와 목차를 토대로 본론에 대해 초고를 작성해 봅시다.

제14과

——

보고서의 서론

학생: 선생님 저는 이번 보고서로 싱크홀에 대해서 쓰고자 하는데요.

선생님: 그래? 싱크홀? 그게 뭐?

학생: 싱크홀의 발생 원인과 그 대책에 대해서 보고서를 쓰려고요.

선생님: 뜬금없이 그것을 왜 쓰는데?

학생: 요즘에 신문에 싱크홀에 대한 기사가 자주 나옵니다. 그런데 싱크홀이 한국에서만 일어나는 일은 아니고 중국, 미국 그리고 제 나라인 베트남 에서도 싱크홀이 생겼다는 기사를 접했습니다. 그런데 저를 비롯해서 일반 대중들은 싱크홀에 대해 잘 알지도 못하는 것 같고 그래서 싱크홀 이 생기면 저는 그것에 대해 잘 알지 못하니까 무섭다는 생각이 들었습 니다. 아마 그것을 모르는 사람들도 저와 같을 것입니다. 그래서 그것이 무엇인지 알고 싶기도 하고 그것을 다른 학생들에게 알릴 필요도 있다 고 생각합니다. 또한 그와 같은 일이 벌어지고 있다는 것만 알아서는 안 되고 그 현상이 안 일어나게끔 싱크홀의 발생 원인을 찾아 싱크홀이 일 어나지 않도록 우리가 노력해야 한다고 생각합니다.

선생님: 그럼 지금 방금 말한 내용을 다 보고서에 넣을 것이지?

학생: 네? 아 네. 그렇게 하겠습니다.

생각해 보기

- 보고서의 서론에는 어떤 내용을 넣을까?
- 보고서의 서론에는 어떤 표현을 사용하는가?

1. 서론의 내용

적지 않은 학생들이 서론을 어떻게 써야 할 것인지에 대해 고민한다. 생각해 보자. 서론을 어떻게 쓰는 것이 좋을지에 대해.

석사학위 논문이나 박사학위의 논문의 목차(또는 차례)를 살펴보면 공통적으로 존재하는 항목이 있다. 그것들을 추려 보면 다음과 같다.

어떤 보고서든 보고서를 쓸 때에는 그 보고서를 쓰게 된 계기가 있기 마련이다. 앞의 대화문은 그 계기가 어떻게 생겼는지를 보여 주고 있다.

---

1. 서론
   1.1. 연구 목적
   1.2. 연구사 및 연구의 필요성
   1.3. 연구 방법

학위 논문의 서론 부분에 위에서 제시한 세 요소가 공통적으로 존재하는 이유가 무엇일까?

필자가 독자에게 무엇인가에 대해 쓰려고 할 때는 그곳에는 분명한 글의 목적이 있다. 그 목적이 독자에게 정보를 전달하는 경우일 수도 있고, 독자를 대상으로 무엇인가를 설득하려고 하는 경우일 수도 있다. 글의 목적이 어떤 것이건 간에 중요한 것은 글에는 어떤 목적이 존재한다는 것이다. 그러므로 글의 서론에서 반드시 제시해야 하는 것 중의 하나는 그 글의 목적이다. 그리하여 모든 보고서나 논문 등에는 연구의 목적이란 항목이 있는 것이고 그 항목에서 필자들은 글의 목적을 잘 제시하기 위하여 다양한 방식으로 그 목적을 표현하려고 한다.

글의 목적을 분명하게 밝히자. 이때 그 목적의 범위는 가급적 좁히면 좁힐수록 좋다.

아래의 표는 서론에서 글의 목적을 제시하기 위해 사용하는 표현들이다.

2. 서론의 표현

〈표 21〉 목적을 나타내는 표현

이 글에서는 본 연구에서는 본고의 과제는	~을/를 ~에 대해	고찰해 보겠다.
	~을/를	검토할 것이다. 논하고자 한다.
	~하는 데에	목적이 있다.
	~을/를	분석하고자 한다.

우리가 독자에게 어떤 목적을 가지고 정보를 전달하고자 할 때 독자는 그와 같은 정보를 왜 알아야 하는지에 대해 필자에게 의구심을 가질 수 있다. 독자들은, 왜 필자가 제시하는 그 내용에 귀를 기울여야 하는지, 그 정보에 꼭 귀를 기울여야 하는지 등등에 대해 생각하게 된다.

그러므로 우리는 우리가 글로 어떤 내용을 표현하고자 하는 것에 대해 그것들을 왜 표현하는지에 대한 정보까지도 독자에게 친절하게 제시할 필요가 있다. 그렇게 해야만 우리가 표현한 것들에 대해 독자들이 관심을 가질 수 있고 우리의 생각에 대해 적극적으로 공감할 수 있기 때문이다.

그렇다면 어떻게 해야만 독자가 우리의 말이나 글에 관심을 갖게 되는가? 그것은 그와 같은 주제를 떠올리게 된 상황을 독자에게 제시하고, 그 상황이 우리에게 어떤 문제로 다가올 수 있으며 그러한 문제점이 단순하게 필자에게 국한된 문제가 아니라 우리 모두의 문제임을 독자가 느끼게끔 우리는 그들에게 설명해야 한다.

글의 목적에 대한 설명을 친절하게 덧붙이는 대부분의 글들은 어떤 현상을 언급한다는 공통점이 있다. 왜냐하면 그 현상에 관심을 갖고 그 현상에 주목하면서 그 현상을 통해서 어떤 문제점이 내포되어 있는지를 알 수 있기 때문이다. 그리고 그러한 문제점이 단순한 개별적인 문제가 아니라 우리 모두에게 관련된 것이라고 인식하게 될 때 우리는 이것을 표현하고 싶은 욕구가 생긴다. 글의 주제란 결국 이러한 과정을 통해서 얻는 것이다. 그리하여 이러한 과정을 적절하게 독자에게 설명해야 독자들도 필자가 가지고 있는 주제 의식을 함께 공유할 수 있게 된다. 이렇게 해서 독자와 필자의 공감대가 형성될 때, 필자가 제시하는 원인 분석과 필자가 제안하는 문제 해결 방안에 대해 독자들이 좀 더 적극적인 자세로 글을 대하게 된다.

우리가 어떤 문제가 있다고 생각하는 현상을 독자에게 거론하려면 자연스럽게 그 현상의 문제점이 무엇인지 거론하지 않을 수 없다. 여기서 나아가 그 문제점의 원인이 무엇인지까지 거론하는 경우가 많다. 그리하여 우리는 서론에서 현상이나 현황을 제시하고 그 현상을 통해서 그 현상의 문제점이 무엇인지를 글로 제시하게 된다. 그리고 본론에서는 그 현상의 그 문제점을 없애기 위해 그 현상이 발생하게 된 원인이 무엇인지 밝힌다. 여기서 더 나아가면 우리가 이러한 문제점들의 원인이 무엇인지 아는 한 그 원인을 없앨 만한 방안을 제시하지 않을 수 없게 된다.

어떤 현상을 보고서에 언급하게 될 경우에는 신문 기사에서 본 내용을 글에 제시할 수도 있고, 기존의 논의 속에서 다루었던 어떤 특정한 현상을 글에 제시할 수도 있다. 이런 내용들은 결과적으로 서론에서 '연구사 및 연구의 필요성'에 들어갈 내용들이다. 이들은 우리가 왜 이들을 연구 대상으로 삼게 되었는가를 보여주는 것이므로 이 내용들은 우리가 쓰는 보고서의 서론에 포함되어야 한다.

이러한 내용을 제시할 때 사용하는 주된 표현 방식은 다음과 같다.

〈표 22〉 현황을 나타내는 표현

~하는 현상이 나타나고 있다.

~하는 상황이 전개되고 있다

~하는 경향이 있다.

~하는 추세에 있다.

〈표 23〉 문제점을 나타내는 표현

~(으)ㄹ 우려가 있다

~에 장애가 되고 있다

~다는 문제점을 드러내고 있다.

〈표 24〉 필요성을 나타내는 표현

독자가 우리의 글을 왜 읽어야 하는지 그 필요성을 독자에게 제시하자!

~하기 위해서는	~이/가 필요하다.
~을/를 위해서는	~어/아야 한다.

　앞서 언급한 바와 같이 우리가 글을 쓸 때에는 어떤 한 현상에서 특이한 점을 찾고 그것이 어떤 문제를 내포하고 있는지를 살펴보는 것이 일반적이다. 그것이 어떤 문제점을 내포하는 것이라면 그 문제를 해결하기 위해 원인이 무엇인지를 분석하게 된다. 그리하여 우리는 그 현상의 원인을 찾기 위해 현상을 어떻게 분석할 것인가를 고민하게 된다. 어떤 현상이 문제라고 생각되지 않으면 우리는 그 현상에 대해서 더 이상 고민할 필요가 없다. 그러므로 그 무엇인가에 대해 분석할 필요도 없다.

　우리가 어떤 현상에 대해 어떤 문제점이 있음을 인식하고 그것을 분석해야 하는 경우라면 우리는 어떤 세계적인 이론서에 제시된 방법론을 토대로 그 현상을 분석할 수도 있고, 책이 아니라 그간 연구

되어 온 여러 논문에서 제시된 방법론을 토대로 그 현상을 분석할 수도 있다. 결과적으로 이러한 내용들은 서론에서 '방법론'에 해당하는 것이므로 어떤 방법으로 어떻게 분석할 것인가를 '연구 방법'이란 항목에서 제시하게 된다. 그와 관련한 내용을 위에서처럼 항목으로 만들고 그 항목 안에서 그 분석 방법론을 제시할 수도 있지만 그에 관한 내용의 양이 많지 않은 경우에는 그 내용을 굳이 여러 개의 항목 중 하나를 독립시켜 설명할 필요가 없고 '서론'이라는 제목 아래에 그 내용을 포괄하여 제시하면 될 것이다.

최초의 연구 계획(개요)

1. 태평양 기업의 발전 역사와 현황

2. 태평양의 마케팅 전략 분석
   a. 기업 전략: 컴퍼니와 품질에 대해 소개하기
   b. 매장 전략: 사은품과 매장 메이크업에 대해 소개하기
   c. 홍보 전략: 드라마, 모델과 이미지 등 방면에 대해 소개하기

3. 구체적인 브랜드를 통해 분석하기
   a. 설화수: 광고를 전혀 하지 않고, 기초 제품만 갖춘 브랜드
   b. 에뛰드 하우스: 달달한 분위기와 제품을 통해 사람의 시선을 잡아끄는 브랜드
   c. 이니스프리: 순수한 이미지의 광고를 내보내고 허브 농장을 운영하고 있는 브랜드

〈학생의 글〉

위에서 제시한 최초의 연구 계획 또는 개요에는 맨 앞에 '태평양 기업의 발전 역사와 현황'이 제시되어 있다. 이 개요에서는 글의 목적이 명시되어 있지 않다. 그렇지만 아래의 수정된 목차를 살펴보면 글의 서론에 글의 목적, 이 글에서 사용할 전략 분석 방법이 제시되

어 있다. 최초의 개요에서는 3개의 브랜드를 분석한다고 했지만 어떻게 분석할지에 대해서는 어떤 정보도 제시하지 않았기 때문에 위의 개요가 독자들에게 어떤 내용으로 어떻게 제시될지 예상할 수 없었다. 그러나 아래의 개요를 살펴보면 태평양의 마케팅을 STP 분석법을 이용해 그들의 마케팅 전략이 어떠한지를 이론적으로 검토하고 그것을 토대로 동일한 분석 방법을 중국 화장품 시장에도 적용할 것임을 독자들은 예상할 수 있다.

수정 보완(목차)

한국 화장품이 성공하는 원인에 관한 연구
-태평양의 마케팅 전략을 중심으로

Ⅰ. 서론
  1. 연구 목적 또는 필요성
  2. 전략 분석 방법- STP 분석법

Ⅱ. 본론
  1. 태평양 기업의 개황
  2. 태평양의 마케팅 전략 분석(STP 분석법)
    2.1 S-시장 세분화(Segmenting)
      (브랜드 컴퍼니에 대해 소개하기, 브랜드 '설화수'를 중심으로)
    2.2 T-표적 시장 선정(Targeting)
      (디자인에 대해 소개하기, 브랜드 '에뛰드 하우스'를 중심으로)
    2.3 P-위치 선정(Positioning)
  3. 중국 화장품 시장과의 비교를 통한 현황 및 제안
    3.1. S-시장 세분화 방면
    3.2. T-표적 시장 방면
    3.3. P-위치 선정 방면

Ⅲ. 결론

〈학생의 글〉

다음은 한 학생이 서론 부분을 초고로 작성하고 그것에 대해 선생님이 학생에게 질문하였으며 그 질문에 대해 학생이 고민한 다음 그 고민을 서론에 반영한 결과이다. 선생님의 질문 방식을 좇아 자기 자신에게 서론에 대해 질문하고 스스로 수정해 보자.

---

① 초고

본 연구에서는 취업을 논하고자 한다.

문제점 '취업을 논한다'가 무슨 의미인지 모르겠다. 이 문장은 구체적인 의미를 보여 주고 있지 못한다.

많은 대학생들이 실업하는 추세에 있다.

문제점 어느 대학생? 한국 또는 중국?

대학생의 취업 눈높이라는 문제점을 드러내고 있다.

문제점 무슨 말인지 모르겠다.

② 1차 수정

본 연구에서는 취업난을 검토할 것이다.

문제점 이 문장도 무슨 말을 하려고 하는지 모르겠다.

한국의 대학생들이 실업하는 추세에 있다.

문제점 어떻게 실업하는가? 추세에 대한 통계를 제시해야 한다.

한국뿐만 아니라 여러 나라의 대학생들이 쉽게 돈을 벌 수 있는 직업을(→직장에) 취직하고 싶다는(→ 싶어 한다는) 문제점을 드러내고 있다.

문제점 예를 제시하여야 한다.

③ 2차 수정

본 연구에서는 취업난을 검토할 것이다.

한국의 대학생들이 꾸준한(→ 꾸준히) 실업하는 추세에 있다. 통계적으로 말하면 2013년 약 45% 대학생들이 못 취직하고 2014년 그 비율을 하락하더라도 약 39% 대졸이 못 취직한다.

한국뿐만 아니라 여러 나라의 대졸들이 쉽게 돈을 벌 수 있는 직장에 취직하고 싶어 한다. 대학교 졸업한 후에 외진 지역에 아래부터 천천히 시작하는 것이 싫어하는 문제점을 드러내고 있다.

④ **최종**

본 연구에서는 졸업한 대학생이 자신의 원인 때문에 나타난 취업난을 검토할 것이다.

한국의 대학 졸업생들이 꾸준히 실업하는 추세에 있다. 통계적으로 말하면 2013년 약 45% 대학 졸업생들이 취직하지 못했고 2014년 그 비율이 하락하더라도 약 39%가 대학을 졸업한 학생들이 취직하지 못했다.

한국뿐만 아니라 여러 나라의, 대학을 졸업한 학생들이 쉽게 돈을 벌 수 있는 직장에 취직하고 싶어 한다. 대학생들이 대학교를 졸업한 후에 외진 지역에 아래부터 천천히 (회사 생활을) 시작하는 것을 싫어하는 문제점을 드러내고 있다.

위의 ①과 ④를 비교해 보면 다음과 같다.

초고(학생의 글)	최종(학생의 글)
본 연구에서는 취업을 논하고자 한다. 많은 대학생들이 실업하는 추세에 있다. 대학생의 취업 눈높이라는 문제점을 드러내고 있다.	본 연구에서는 졸업한 대학생이 자신의 원인 때문에 나타난 취업난을 검토할 것이다. 한국의 대학 졸업생들이 꾸준히 실업하는 추세에 있다. 통계적으로 말하면 2013년 약 45% 대학 졸업생들이 취직하지 못했고 2014년 그 비율이 하락하더라도 약 39%가 대학을 졸업한 학생들이 취직하지 못했다. 한국뿐만 아니라 여러 나라의, 대학을 졸업한 학생들이 쉽게 돈을 벌 수 있는 직장에 취직하고 싶어한다. 대학생들이 대학교를 졸업한 후에 외진 지역에서 아래부터 천천히 (회사 생활을) 시작하는 것을 싫어하는 문제점을 드러내고 있다.

세 번의 수정 및 보완의 과정을 거치면서 글의 내용 자체가 구체화되어 간다. 처음의 생각이나 표현을 좀 더 구체화하다 보면 자연스럽게 정보가 늘어난다. 예가 들어가고, 어떤 명사 앞에는 관형어가 들어가기도 하며 때로는 어떤 단어나 문장을 부연하기도 한다. 정보가 늘어난다는 것은 그만큼 분량이 늘어남을 의미한다. 학생들이 자기 자신이 쓴 보고서의 분량이 적지나 않을까 많이들 걱정하는데 자신의 생각을 구체화하려고 하다보면 분량에 대한 걱정이 사라지게 된다. 그러므로 분량 따위에 대한 걱정은 버리고 우리가 어떻게 우리의 생각을 구체화할 것인가에 대해 고민하고 그 결과를 보고서에 잘 반영해 보자.

가. 다음은 학생이 작성한 보고서의 서론입니다. 이 서론이 어떤 점에서 문제가 있는지를
  예를 들어 말해 봅시다.

오토바이 금지법에 대한 연구

Ⅰ. 서론

1. 글을 쓴 이유

요즘은 중국에서 오토바이 금지 이 규정에 대해서 반대하는 소리 매우 크다. 이것은 다
오토바이 금지 때문에 사람들에게 많은 불편이 형성되었기 때문이다. 이 규정은 민중들의
관심과 질의를 끌고 국무원 영도자의 중시도 끌었다. 다 아시다시피 지역마다 시행한 금
지법은 존재 의거와 추행 이유는 다 부족하다는 것이다. 오토바이 금지하면서 자동차들을
마음대로 타고 출행하는 것은 교통 문제를 해결하기 위한 제일 좋은 방법이 아니다. 환경
문제를 가중시키고 이런 기름의 가격이 높은 시대에서 에너지 소비를 가중할 뿐만 아니라
시민들의 출행 자분금도 가중했다. 그리고 국가의 지속적인 발전 전략의 실시와 보장하기
자원절약형 사회 법치 사회를 건설하는 것을 보장하기 어렵다. 이들 문제 때문에 보통 민
중뿐만 아니라 심지어 많은 권위자까지 연합하고 선전 동영상을 촬영했다. 그래서 이 규
정이 도대체 좋은지 나쁜지, 이 규정이 존재해야 하느냐를 연구하기 위해서 이 글을 쓸 것
이다.

나. 위의 글을 수정해 봅시다.

다. 다음의 연구 계획을 보고 그것이 어떻게 서론으로 쓰였는지 살펴봅시다.

연구 계획 1

- 제목: 왜 봄철이 빨리 더워지는가?
- 목적: 봄철이 이상해지는 것에 대하여 기상학적으로 분석한다.
　　　봄철 이상 기온 현상과 지구 온난화 현상의 관계를 분석한다.
- 구성: (1) 봄철 이상 기온 현상 – 봄철의 시작일과 월 평균 온도의 변화
　　　(2) 봄철 이상 기온 현상이 나타나는 원인과 영향
　　　(3) 봄철 이상 기온 현상의 해결 방안

▼

"왜 봄철이 빨리 더워지는가?"

I. 서론

　겨울이 지나고 봄철이 온 지 며칠이 안 되었는데 덥다는 말을 항상 들을 수 있다. 그러나 봄철이 왜 이렇게 빨리 더워진다고 느껴질까? 이러한 현황은 기후 이상의 축에 들어갈 수 있고 그의 근본적인 원인은 지구 온난화라고 볼 수 있다.

　본 보고서에서는 봄철이 이상해지는 것에 대하여 기상학적으로 분석하고 이것이 지구 온난화 현상과 어떤 관계가 있는지를 검토할 것이다.

　본 보고서의 구성은 다음과 같다. 우선 기상학적으로 봄철을 정의하는 방법을 살펴보고, 봄철의 시작일과 월 평균온도를 살펴볼 것이다. 그리고 다음으로 봄철 이상 기온 현상이 나타나는 원인과 그 영향을 살펴보고 해결 방안을 모색해 보고자 한다.

- 제목: 지구 온난화에 대해서
- 목적: 지구의 자연유산을 보호하기 위해서 지구 온난화에 대한 관심이 필요하다.
- 구성: (1) 사라져 가는 자연유산
  (2) 자연유산이 사라지는 원인
  (3) 자연유산이 사라질 경우 우리에게 미치는 영향
  (4) 자연유산을 지키기 위한 방법

▼

"지구 온난화에 대해서 – 사라져 가는 자연유산, 원인과 해결 방안"

Ⅰ. 서론

최근 여행 잡지에 '지금 가자! 언젠가는 사라질 그곳 10'이라는 기사가 실렸다. 이처럼 많은 지구의 소중한 자연유산들이 머지않아 사라질 것이다. 이 글은 지구의 자연유산을 보호하기 위해서 지구 온난화에 대한 관심이 필요함을 제시하는 데에 목적이 있다.

이 글에서는 먼저 지금 사라져 가는 자연유산의 예를 구체적으로 살펴본다. 다음으로 자연유산이 사라지는 원인을 분석하고자 한다. 그리고 자연유산이 사라질 경우 그것이 우리에게 미치는 영향도 고찰해 보겠다. 마지막으로 어떻게 이 상황을 막을 수 있는지 그 해결 방안을 검토할 것이다.

라. 다음의 연구 계획을 살펴보고 이를 토대로 서론을 써 봅시다.

연구 계획

- 제목: 중국 온라인 쇼핑의 현황과 전망
- 목적: 온라인 쇼핑에 대한 정확한 인식이 필요하다.
  중국 온라인 쇼핑의 현황과 전망을 제시한다.
- 구성: (1) 중국의 TV 홈쇼핑의 발전 과정과 현황
  (2) 중국의 인터넷 쇼핑의 발전 과정과 현황
  (3) TV 홈쇼핑과 인터넷 쇼핑의 전망

▼

가. 제출할 자기 보고서의 전체 개요를 제시하고 이를 토대로 서론을 써 봅시다.

개요:

서론:

나. 위에 작성한 서론이 제14과에서 작성했던 본론의 내용과 잘 부합하고 있는지 그리고 앞으로 써야 할 결론과 잘 부합할 수 있을지 살펴보고 서론이나 본론을 수정하고 보완해 봅시다.

다. 작성된 서론을 독자의 입장에서 읽고 필자의 의도와 다르게 생각되는 내용에 대해 수정해 봅시다.

제15과

___

보고서의 결론

학생: 선생님, 결론에는 자신의 느낌을 넣어야 하는 것 맞습니까?

선생님: 자신의 느낌이라는 것은 자신의 글 처음부터 끝까지 곳곳에 들어가는 것 일세. 글의 목적을 제시하는 곳에도, 필요성, 방법론, 본론을 전개할 때 등에도 결국은 자기 자신의 주관적인 견해를 객관화시키는 과정에서 모두 들어간다네. 결론도 서론이나 본론의 내용이 자기의 주관적인 내용이므로 이것도 주관적인 내용이라 할 수 있겠지.

학생: 중고등 학창 시절에 독후감이나 감상문을 쓸 때 글의 전반부에는 해당 도서나 작품의 줄거리를 쓰고 후반부에는 그것을 보고 느낀 점을 썼던 것 같은데요.

선생님: 만약에 독후감이나 감상문을 그렇게 작성한다면 글의 전반부의 경우는 독자나 관람객이면 누구나 다 비슷하게들 글을 쓸 것 같은데. 안 그런가?

학생: 네, 그럴 것 같습니다. 그것 자체가 글쓰기에서의 능력을 보여 주는 어떤 기준이 되는 것이 아닙니까?

선생님: 그렇게 할 것이면 요약을 누가 더 잘하느냐의 문제가 되지 않을까?

학생: 네. 그럴 것 같습니다.

선생님: 그렇다면 그것을 군이 감상문이라 부를 이유가 없겠지. 감상문이라고 하는 것은 독자가 어떤 작품을 읽고 또는 관람객이 어떤 영화나 연극 등을 보고 나서 그 작품에 대해 어떤 느낌을 가졌는가를 글로 쓰는 것인데, 그 과정에서 어쩔 수 없이 독자의 이해를 돕기 위해 그와 관련된 작품의 내용의 일부 또는 줄거리 전체를 제시할 수는 있지. 하지만 그 자체가 필수적인 것이라고 보기 어렵네. 즉 작품의 줄거리를 많이 쓰고 자기의 느낌을 조금 쓰는 것이 아니라 자기의 느낌을 중심으로 글을 전개해 나가되 거기에 작품의 내용이 덧붙여지는 것이지. 그래야 독자나 관람객에 따라 작품을 이해하는 정도가 다른 것을 글로 표현하게 되는 것이 아닌가? 안 그런가?

학생: 네, 무슨 말씀인지 알겠습니다.

생각해 보기

- 보고서의 결론에는 어떤 내용을 넣을까?
- 보고서의 결론에는 어떤 표현을 사용하는가?

1. 결론의 내용

우리는 앞에서 결론의 구상에 대해 살펴본 바 있다. 이 장에서 언급할 내용은 그것과 크게 다르지 않다. 그런데 여기서는 앞에서 다루었던 내용을 다시 다루지 않고 그 대신 우리가 보고서를 작성할 때 보고서의 끝, 즉 결론을 어떻게 써야 할지에 대해서만 살펴보도록 한다.

본론을 교열하는 과정이 다 끝나게 되면 결론을 다듬게 된다. 그런데 우리는 결론을 어떻게 써야 할지 고민하는 경우가 많다. 어떤 경우에는 결론에 본론에 언급하지 않았던 새로운 내용을 불쑥 제시하는 경우도 많다. 이런 것은 바람직하지 않다. 이렇게 제시된 새로운 내용이나 정보에 대해 독자들이 '왜?', '이것은 또 뭐지?' 등의 의구심을 가질 수 있기 때문이다.

결론에 들어가는 내용은 크게 3가지 정도이다. 그것은 요약, 전망, 제언이다. 그러므로 세 가지 요소를 어떻게 표현할 것인가를 알아 둘 필요가 있다.

2. 요약

결론에서는 본론에 제시했던 주요 내용을 요약하여 제시한다. 그렇게 하는 이유는 독자가 본론 내용을 읽어 가면서 본론의 핵심 내용을 잊어버릴 가능성이 있고 또 어떤 경우에는 필자가 말하고자 하는 핵심을 독자가 잘못 이해할 수도 있기 때문이다. 그리하여 우리는 독자들이 본론의 내용을 환기할 수 있도록 그리고 본론의 핵심 내용이 무엇인지를 확인시키기 위하여 본문의 내용을 요약하여 제시한다. 아무래도 필자의 생각을 독자에게 필자가 의도한 대로 전달하고 필자는 독자가 그것을 오랫동안 기억하게 하는 것이 중요하지 않을까!

〈표 26〉 결론에서 자주 사용하는 요약 표현

이제까지 지금까지	~을/를 ~에 관하여/대하여	살펴보았다. 볼 수 있었다. 모색해 보았다.
	~을/를 -(으)로	파악하였다.
이 보고서는 본고에서는	~에 대해 ~을/를	고찰하였다. 검토하였다.
본고의 논의를	종합하면 다음과 같다. 요약하면 다음과 같다.	첫째, 둘째, 셋째, 우선, 다음으로, 마지막으로

3. 전망

'전망'이란 항목을 결론에 제시하는 경우는 제한적이다. 즉 본론의 내용이 무엇이냐에 따라, 필자의 의도가 무엇이냐에 따라 달라질 수 있다. 이 항목은 대체로 보고서의 목적이 정보를 제공하는 경우나 또는 어떤 견해를 주장하는 경우에 필요하다. 어떤 문제점을 해결하였을 때 그 문제점을 해결하고 난 향후에 어떤 일들이 있을지를 제시하는 것이다. 전망을 나타내는 표현은 다음과 같다.

〈표 27〉 결론에서 자주 사용하는 전망 표현

향후 앞으로 이후	-(으)로	보인다. 생각된다. 기대를 모으고 있다. 전망된다. 발전할 수 있을 것이다.
	-(으)ㄹ	전망이다.

4. 제언

'제언'이란 항목 역시 글의 종류나 글의 내용에 따라 선택할 수 있는 항목이다. 글을 쓰다 보면 필자인 우리가 어떤 내용에 대해 더 쓰고 싶지만 쓸 수 없을 때가 있다. 그와 같은 경우에는 필자가 그것을 다루기에 역량이 부족해서 그 내용을 쓸 수 없을 수도 있고, 필자가 그것을 다룰 충분한 역량이 있다고 하더라도 현재의 지면(紙面)에 제약이 있으므로 그 내용을 여기에 당장 쓸 수 없는 경우도 있다. 그것이 어느 것이든 이러한 것들에 대해 필자가 그 내용을 결론에 쓸 수도 있다. 제언에 주로 쓰이는 표현을 제시하면 다음과 같다.

〈표 28〉 결론에서 자주 사용하는 제언 표현

~기 위해	–이/가	필요하다. 필요하다 하겠다. 요구된다.
	~을/를	제안한다. 해결책이라 본다.
~ 등을/를 고려해 볼 때	다음과 같은 전략이	필요하다.
	앞으로 ~한 연구가	이루어져야 한다.

다음은 초고에서 쓴 결론을 퇴고하는 과정에서 수정한 것이다.

〈초고〉

Li-Fi 왔다!

1. 서론
2. Wi-Fi의 좋은 점
    2.1. Wi-Fi VS Bluetooth

〈중략〉

8. 결론

Li-Fi기술은 편리한 건설, 고속도, 건강, 고안전성의 우세가 있어서 Wi-Fi기술의 부족한 점을 잘 해결해서 앞으로 잘 쓰인 기술이 될 수 있을 것이다.

〈학생의 글〉

이 학생의 경우 Li-Fi의 우수성을 이미 본론에서 언급했다고 생각해서 그 부분을 결론에 쓰지 않았다. 그 대신 결론에는 이 글의 주제문에 해당하는 내용을 결론에 넣었다. 그런데 독자가 이 내용을 좀 더 쉽게 이해하려면 Li-Fi가 어떤 점에서 우수한가에 대한 구체적인 정보가 좀 더 필요한 것이다.

〈최종본〉

Li-Fi 왔다!

8. 결론

지금까지 Li-Fi 기술로 Wi-Fi 기술의 부족한 점을 해결할 수 있음을 살펴봤다. 이 보고서는 Wi-Fi 기술의 장점과 단점을 설명하고 Wi-Fi의 부족한 점을 해결할 수 있는 Li-Fi 기술을 검토해서 Li-Fi 기술의 우수성, Li-Fi 기술의 발전을 논의했다. 이를 종합하면 다음과 같다. 첫째, Li-Fi 기술이 Wi-Fi 기술보다 설치할 때 편리하다. 둘째, Li-Fi 기술이 Wi-Fi 기술보다 인간의 건강에 더 좋고 에너지가 더 적게 소모된다. 셋째, Li-Fi 기술이 Wi-Fi 기술의 정보 전송 속도보다 더 빠르다. 넷째, Li-Fi 기술이 Wi-Fi 기술보다 안전성이 더 높다 등이다.

Li-Fi 기술은 설치의 편리함, 전송 속도의 빠름, 적은 에너지의 사용, 높은 안전성 등의 장점이 있어서 Wi-Fi 기술과 경쟁하면서 미래의 잘 쓰일 기술이 될 것이다. 향후 Li-Fi 기술이 Wi-Fi 기술을 완전히 대신할 가능성이 높은 것으로 전망된다.

Li-Fi 기술은 지금 실험실에서 실험이 성공적으로 끝났으나 앞으로 Li-Fi 기술을 잘 보급하기 위해 Li-Fi 기술 실용화에 대한 연구가 더 많이 필요하다.

〈학생의 글〉

위의 최종본의 내용을 살펴보면 본론에서 제시한 내용을 요약하였고, 전망과 제언을 넣었다. 초고의 내용에 비해 수정한 내용에 짜임새가 있음을 알 수 있다.

가. 다음의 개요를 보고 그것이 어떻게 결론으로 쓰였는지 살펴봅시다.

개요 1

가. 제목: 중국인 학습자에게 나타나는 띄어쓰기 오류
나. 목적: 중국인 학습자가 헷갈리는 띄어쓰기의 예와 오류를 줄이는 방안을 제시한다.
다. 구성: (1) 한국어 띄어쓰기의 원리
      (2) 중국인 학습자가 헷갈리는 띄어쓰기
      (3) 띄어쓰기 오류를 해결하는 방안

▼

"중국인 학습자에게 나타나는 띄어쓰기 오류"

V. 결론

지금까지 이 보고서에서는 중국인 학습자에게 나타나는 띄어쓰기의 오류 유형과 그 해결 방안을 살펴보았다. 본고의 논의를 요약하면 다음과 같다. 우선, 한국어 띄어쓰기의 원리를 설명하였다. 다음으로, 중국인 학습자가 헷갈리는 띄어쓰기의 예를 제시하고 그 원인을 제시하였다. 중국인 띄어쓰기의 헷갈리는 이유는 문법이나 띄어쓰기의 규칙을 잘 모르고 중국어의 영향으로 띄어쓰기 의식이 없기 때문이다. 마지막으로 오류를 줄이기 위한 방안으로 두 가지를 제시하였다. 첫째, 중국인 학습자는 문법 내용과 띄어쓰기 규정을 정확히 공부해야 한다. 둘째, 쓰기를 규범화할 필요가 있다.

한국어를 배우는 외국인이 증가하고 있으며 특히 최근 한국으로 유학을 오는 중국 학생들도 많아지고 있다. 중국 유학생들이 한국어를 오래 배웠음에도 불구하고 마지막으로 띄어쓰기에서 오류가 많이 나타나고 있다. 이 보고서의 내용이 중국 유학생들의 한국어 학습에 조금이나마 도움이 되었으면 한다.

개요 2

가. 제목: 한국의 커피 문화

나. 목적: 한국의 커피 문화가 발전했는데 발전 원인을 알아보고자 한다.

다. 구성: (1) 한국 커피 문화의 역사와 한국 커피 산업의 현황

       (2) 한국의 커피 문화의 특징

       (3) 결론: 한국의 커피 문화를 합리적으로 발전시키기 위한 방안

"한국의 커피 문화"

V. 결론

지금까지 한국 커피 문화의 역사와 한국 커피 산업의 현황에 대해 소개했다. 그리고 한국 커피 문화의 특징에 대해서도 살펴보았다. 지금 한국의 커피 산업은 잘 발전하고 있고 커피 문화도 발전하고 있다. 한국이 커피를 소비하는 대국이 되는 것을 보면 앞으로 커피 관광업도 일어날 수 있을 것이라고 생각한다.

아시다시피 문화가 발전하는 것과 경제가 발전하는 것은 서로 영향을 미치는 것이다. 그래서 커피 문화를 더 좋은 방향으로 발전시키려면 먼저 경제 기초가 있어야 한다. 지금 한국 경제 능력은 커피 문화의 발전을 추진할 수 있지만 사회적으로 이런 문화를 중시하는 사람이 많지 않다. 첫째, 정부 기관이 커피 문화를 중시하게 되면 국민들의 주의를 끌 수 있을 것이다. 예를 들어 학교에서 커피에 관련하는 취미 수업을 만들거나 취미 동아리를 만들 수 있을 것이다. 그리고 인터넷에 있는 커피 관련 블로그도 효율적으로 관리하면 커피 문화도 발전할 것이다. 둘째, 자기 나라의 커피 문화가 발전할 때 다른 나라의 선진한 커피 문화도 배워야 한다. 한국에서 많은 사람은 콜롬비아 커피를 좋아한다고 많이 들었고 만약에 커피숍을 만들 때도 콜롬비아 양식으로 만들면 더 많은 고객을 끌 수 있을 것 같다고 생각한다.

나. 다음의 개요를 보고 이에 맞게 결론을 써 봅시다.

개요 2

가. 제목: 한국 청소년의 자살 문제

나. 목적: 한국 청소년의 자살 현상을 분석하고 청소년 자살을 줄이는 방법을 찾고자 한다.

다. 구성: (1) 청소년 자살 행동의 유형

　　　 (2) 한국 청소년 자살의 현황

　　　 (3) 한국 청소년 자살에 영향을 미치는 요인

　　　 (4) 결론 – 청소년 자살을 줄이기 위한 방법

▼

다. '나'의 개요를 바탕으로 글을 완성해 봅시다.

가. 제출할 자기 보고서의 전체 개요를 제시하고 이를 토대로 결론을 써 봅시다.

개요:

결론:

나. 지금까지 쓴 글을 여러 번 읽으면서 보고서를 수정하고 보완하여 완성해 봅시다.

다. 제출한 자기 보고서의 제목, 목차, 서론, 본론, 결론이 주제와 잘 부합되고 있는지 살펴
보고 필요한 경우 수정하거나 보완해 봅시다.

라. 참고 문헌을 결론 뒤에 붙이고 참고 문헌에 오류가 있는지 살펴봅시다.

마. 제출할 자기 보고서의 겉표지를 형식에 맞춰 만들어서 보고서 앞에 붙여봅시다.

질의응답을 통한 구체화의 예시

　목표를 세울 때에는 그 목표를 구체화할수록 그 목표를 이루기 위해 내 자신이 당장 무엇을 할 것인지 판단하기에 좋다. 그렇다면 목표를 어떻게 구체화할 것인가?

　그것에는 여러 방법이 있겠지만 그중 하나는 자신에게 지속적으로 질문하는 것이다. 다음은 화자와 청자 사이의 질의응답을 통해 대답이 구체화되는 과정을 보여준다. 여기서는 청자가 화자에게 질의하는 것이지만 가급적이면 화자인 본인이 청자라고 생각하고 청자 입장에서 스스로인 화자에게 질문해 보자. 그러면 그 질문에 스스로 답을 제시하는 과정에서 자기의 생각이 더욱 더 구체화되어 가는 것을 확인할 수 있을 것이다.

　　A: 당신의 목표는?
　　B: 한국의 대학에 입학하는 것.
　　A: 어느 대학? 이름도 잘 모르는 대학도 괜찮아?
　　B: 서울에 있는 한국대학에 입학하는 것.
　　A: 그 학교에 입학하기만 하면 돼? 졸업은 안 해도 돼?
　　B: 한국의 한국대학에 입학한 후 졸업하는 것.
　　A: 그 학교에 입학해서 평균 D 또는 C를 받으면서 결국 졸업하기만 하면 돼?
　　B: 한국의 한국대학에 입학한 후 평균 3.5 이상의 성적으로 졸업하는 것.
　　A: 대학은 10년간 다닐 예정인가?
　　B: 한국의 한국대학에 입학한 후 평균 3.5 이상의 성적으로 4년만에 졸업하는 것.

　A의 최초 질문에 대한 B의 처음 대답과 마지막 대답을 비교해 보자. 어느 대답이 더 구체적인가?

　　A(최초): 당신의 목표는?
　　B(처음): 한국의 대학에 입학하는 것.
　　B(최종): 한국의 한국대학에 입학한 후 평균 3.5 이상의 성적으로 4년만에 졸업하는 것.

　사실 글을 쓸 때도 이러한 과정이 중요하다. 글은 특히 내용이 구체화될수록 좋기 때문이다. 내용을 구체화하려면 생각을 구체화해야 한다. 그러면 생각의 구체화는 어떤 과정을 거치는가? 결국 자기가 쓴 글을 독자의 입장에서 질의하고 그에 대해 응답을 글로 표현하는 것이다.

참고 문헌 작성 예시

① 논문

☞ 이등룡, 「『훈민정음』언해본의 "한음치성"에 대한 관견」, 『인문과학』, 34권, 서울: 성균관대학교
인문과학연구소, 2004, 153~168쪽.

② 논문

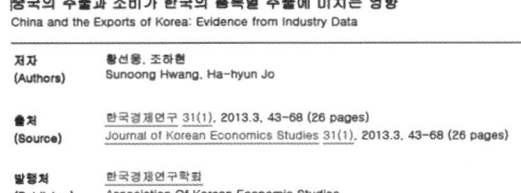

☞ 황선웅·조하현, 「중국의 수출과 소비가 한국의 품목별 수출에 미치는 영향」, 『한국경제연구』,
제31집 1호, 한국경제연구학회, 2013, 43~68쪽.

③ 논문

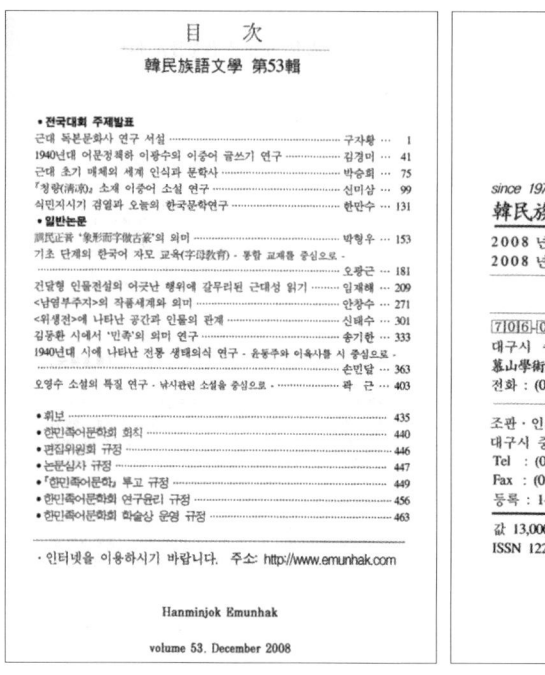

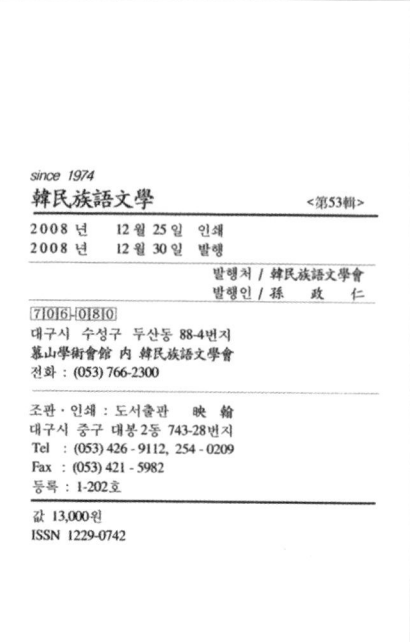

☞ 오광근, 「기초 단계의 한국어 자모 교육(字母教育)-통합 교재를 중심으로」, 『韓民族語文學』 第 53輯, 대구: 한민족어문학회, 2008, 181~208쪽.

④ 저서

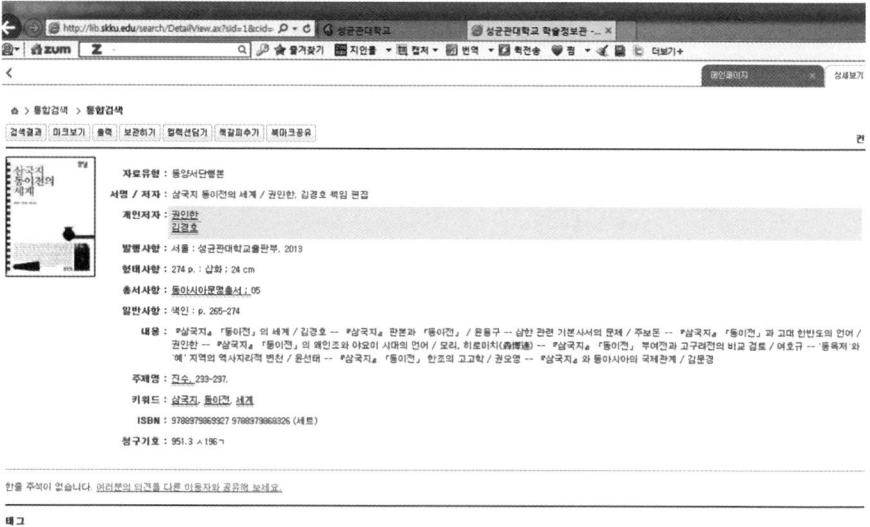

☞ 권인한 · 김경호, 『삼국지 동이전의 세계』, 서울: 성균관대학교출판부, 2013, 1~274쪽.

⑤ 저서

창의적 사고 소통의 글쓰기

1판 1쇄 발행 2012년 3월 6일
2판 1쇄 발행 2013년 3월 6일

지은이 김경원 · 김미란 · 김성수
펴낸이 김준영
펴낸곳 성균관대학교 출판부
등 록 1975년 5월 21일 제1975-9호

주 소 110-745 서울특별시 종로구 성균관로 25-2
전 화 (02) 760-1252~4
팩시밀리 (02) 762-7452
홈페이지 http://press.skku.edu

ⓒ 2012, 김경원 · 김미란 · 김성수
ISBN 978-89-7986-983-5 03710

☞ 김경원 · 김미란 · 김성수, 『창의적 사고 소통의 글쓰기』, 서울: 성균관대학교출판부, 2012, 1~421쪽.

글쓰기 구상을 위한 메모장 학생 사례

(1) 대상	대상: 아버지		
(2) 사건	1. 설 때 같이 폭죽을 터뜨린다. 3. 싸움할 때 눈싸움한다. 5. 나에게 수영을 가르친다. 7. 산을 오른다. 9. 출장 후에 나에게만 선물을 주었다.	2. 밤에 부엌에 가서 혼자 몰래 먹는다. 4. 샤브샤브를 같이 먹는다. 6. 나에게 자전거 타기를 가르쳐 주었다. 8. 싸울 때 연합 후에 같이 어머니를 대항한다. 10. 동화를 많이 들려주었다.	
(3) 사건 분류	• (2) 중에서 번호만 넣을 것. 1, 2, 3, 8, 9	5, 6, 7	×
(4) 사건별 특성	• 사건에 맞는 특성을 적을 것. (4-1)　유치하다.	(4-2) 운동을 잘한다.	(4-3) ×
	(4-4)　　　　　　　　　×		
(5) 선택	1, 2, 3, 8, 9		
(6) 주제문	아버지는 어린애같이 행동이 유치하다.		
(7) 주제문 관련 사건 예	• (6)에 부합하면서 (2)에는 없는, 좋은 사례 등을 추가할 것. 11. 게임에서 나한테 지면 화를 낸다. 12. 엄마한테 용돈을 많이 받기 위해 애교를 부린다. 13. 딸이 아끼는 사탕을 몰래 먹는다.		
(8) 배열 순서	• (2, 7) 중에서 번호로 순서를 배열할 것. 1, 11, 8, 3,　→　2, 13,　→ ……		
(9) 서론	한국에 와서 길을 가다 엄마에게 생투정을 부리는 남자애를 보면 아빠가 생각이 난다.		
(10) 결론	아빠가 유치한 줄만 알았다. 그런데 나중에 생각해 보니 외동딸인 나에게 남동생처럼 행동하여 내가 외롭지 않게 해주신 것 같다.		

※ 메모장에 쓰는 내용은 아직 확정된 내용이 아니므로 표현이 거칠고 어문 규범에 어긋나도 상관없다. 이 메모장에서는 이런 언어의 형식적인 요소의 옳고 그름을 따지기보다는 글을 쓰기에 필요한 적확한 사례들을 여기에 끌고 오는 것이 더 중요하다.

인식의 과정과 글쓰기의 과정

(삶의 실제 경험이나 뉴스, 논문, 책 등의 자료를 통해) 어떤 현상을 알게 됨.

→ 그 현상에서 어떤 궁금증이 생기거나 어떤 문제점을 발견하게 됨.

→ 글을 쓰게 된 동기가 생김.

→ 어떤 현상에 대해 우리가 그것에 대한 궁금증을 해소하는 과정을 거치거나, 그 현상에서 어떤 문제점이 있는지를 찾아보고 이에 대해 잠정적으로 결론을 내림. 즉 이 궁금증이나 문제점에 대해 필자 나름의 가설을 세우게 되는 것임. 이는 곧 글의 주제와 관련한 의식이 생성된 것임.

→ (글을 쓰게 된 목적이 분명해짐. 이를 서론에 반영함.)

→ 어떤 현상에 대해 이를 어떻게 설명할 것인지, 이 현상에 어떤 문제점이 있다면 그것은 무엇인지 등등을 생각하고 이를 하나씩 나열해 봄.

→ (문제점은 서론에 쓸 수도 있고 본론에서 다룰 수도 있음. 이러한 판단은 개요를 작성할 때 정하는 것임.)

→ 문제점이 왜 생기게 되었는지에 대해 그 원인을 다각도로 분석해 보고 이를 나열함. 여기서 '다각도'라고 하는 것은 기존에 이와 관련한 논의가 있었는지 확인하는 것까지 포함하는 것임. 이 문제와 관련한 이론이 있었는지, 어떤 주장이 있었는지 확인하는 것임. 이렇게 확인한 내용을 일목요연하게 정리함.

→ 우리가 분석한 어떤 현상의 문제점에 대한 원인이 그 현상의 문제점을 직접적으로 해결할 수 있는지를 다각도로 검토함.

→ 가급적이면 문제를 해결할 수 있는 방안을 구체적으로 제시함.

→ (이를 본론에 제시함.)

→ 지금까지 생각한 것 중에서 중요한 것들만 추림. 이러한 생각들이 가지는 의의 등을 생각해 봄.

→ 여러 가지를 생각하는 과정에 우리가 미처 생각하지 못한 것들, 앞으로 좀 더 많이 생각해 봐야 할 것들을 정리함.

→ (이를 결론에서 제시함.)

"중국 온라인 쇼핑의 현황과 전망"

(210p 연구 계획의 서론)

I. 서론

2009년부터 중국에서는 타오바오를 비롯한 인터넷 쇼핑몰들이 매년 11월 11일에 매출액을 높이기 위해서 큰 할인 행사를 벌였다. 올해 11월 11일에 타오바오의 하루 매출액은 571억 위안(약 99,925억 원)이었다. 이런 인터넷 쇼핑몰이 큰 영향을 미치기 때문에 중국에서 인터넷 쇼핑은 바로 온라인 쇼핑이라고 인지하는 사람들이 많다. 그러나 온라인 쇼핑은 인터넷 쇼핑과 다르다. 온라인 쇼핑이란 인터넷을 비롯한 PC 통신 서비스를 이용한 쇼핑이다. 대표적인 온라인 쇼핑으로 인터넷 쇼핑, TV 홈쇼핑, 모바일 쇼핑 등이 있다.

본고의 목적은 온라인 쇼핑에 대한 잘못된 인식을 바꾸고 중국 온라인 쇼핑의 현황과 전망을 제시하는 데 있다.

본고의 구성은 다음과 같다. 우선 제1장에서 중국의 TV 홈쇼핑의 발전 과정과 현황을 살펴보고 그것으로 인해 발생된 문제점과 해결 방안을 살펴보며, 다음 제2장에서는 중국의 인터넷 쇼핑의 발생 과정과 현황을 살펴보고 그것으로 인해 발생된 문제점과 해결 방안을 살펴본다. 그리고 그중 타오바오의 구체적인 발전 과정과 현황을 살펴본다. 마지막으로 제3장에서는 TV 홈쇼핑과 인터넷 쇼핑의 전망에 대해 제시하고자 한다.

〈학생의 글〉

"한국 청소년의 자살 문제"

(224p 개요 2의 결론)

V. 결론

이제까지 청소년 자살 행동의 유형, 청소년 자살의 현황, 청소년의 자살에 영향을 미치는 요인을 살펴보고 한국 청소년의 자살 이유를 검토해 보았다.

청소년 자살을 줄이기 위해 우선 좋은 예방책을 찾아내야 한다. 이종익·오승근(2014)에 따르면 자살 예방 프로그램을 통해 "자살에 대한 올바른 이해"를 가질 수 있도록 교육하면 자살 예방에 효과가 있다고 한다. 그러므로 가족과 학교는 이런 자살 예방 프로그램을 이용할 필요가 있다고 생각한다. 그 다음으로 청소년은 미성숙하기에 여러 가지 부정적인 감정을 적절히 다스리지 못해서 가족과 학교는 청소년에게 보호와 도움을 줄 필요가 있다. 가정에서는 청소년 시기에 가정불화와 가족 해체 등의 문제를 피해야 할 것이고, 학교에서는 청소년들이 공부에 스트레스를 많이 느끼지 않도록 성적을 올바로 이해하고 인식하게 해야 한다. 마지막으로 청소년들이 주변인의 자살, 자살 사이트, 자살에 대한 보도를 접촉하지 않도록 사회가 노력해야 한다.

현재 한국에서 청소년 자살 문제가 지속적으로 심해지고 있으나 청소년 자살에 대한 인식과 대비가 매우 부족하다. 그러므로 한국 사회 각계는 청소년 자살 문제에 관심을 기울여야 한다고 생각한다.

인용한 내용 출처 제시 방법

(1) 저서인 경우

① 저자명, 서명, 출판지, 출판사, 출판 연도, 인용 면수.
　예: 강신항, 『훈민정음 연구』, 서울: 성균관대학교출판부, 2005, 145쪽.
　　　Henry, David Thoreau, Walden and Civil Disobedience, New York: Penguin
　　　Books, 1986, p.13.
② 저자명, 서명, 옮긴이, 출판지, 출판사, 출판 연도, 인용 면수.
　예: 월터 옹, 『구술문화와 문자문화』, 이기우·임명진 역, 서울: 문예출판사, 1995, p.18.
　　　월터 옹, 이기우·임명진 역, 『구술문화와 문자문화』, 서울: 문예출판사, 1995, p.18.

(2) 논문의 경우

－ 저자명, 논문 제목, 학술지명, 잡지의 권(호)수, 발행지: 발행처, 출판 연도, 인용 면수.
　예: 이병근, 「음장의 사전적 기술」, 『진단학보』, 제70호, 서울: 진단학회, 1990, 45쪽.
　예: Abberton, "Some Laryngographic Data for Korean Stop", Journal of the IPA, 2-2,
　　　London: Cambridge University Press, 1972, p.56.

(3) 신문 기사의 경우

－ 기사 제목, 신문 이름, 날짜, 면수.
　예: "20세기 최고 지성 러셀 사상의 결정판", 〈중앙일보〉, 2011년 3월 16일, 제15면.

(4) 인터넷 기사의 경우

－ 집필자명, 글의 제목, 인터넷 매체명, 작성 일시, 사이트 주소, 접속 일자.
　예: 이승우, "한글공정 때문에 휴대폰 한글자판 표준화 서두른다", 〈오마이뉴스〉, 2011년
　　　3월 17일. (http://www.ohmynews.com/NWS_Web/, 2011. 3. 17.)

(5) 사전류의 경우

- 항목 필자명, 항목명, 사전명, 출판지: 출판사, 출판 연도.
  예: 황적륜, 「금기어」, 『영어학사전』, 서울: 신아사, 1990.

· 참고 문헌 ·

구자황·김경훤 외,『창조적 사고 개성적 글쓰기』, 성균관대학교출판부, 2005.

김경훤,『글쓰기를 위한 문장의 실제와 분석』, 지코사이언스, 2010.

김경훤·김미란·김성수,『창의적 사고 소통의 글쓰기』, 성균관대학교출판부, 2012.

이등룡,「古代 韓國語와 突厥語의 관계 – 靺鞨, 그들은 누구였는가?」,『大東文化研究』
    第24輯, 大東文化研究院, 291쪽-301쪽.

이선웅·이승희·정희창,『한국어 정서법』, 사회평론아카데미, 2015.

이익섭·이상억·채완,『한국의 언어』, 신구문화사, 1997.

이정희,『한국어 학습자의 오류 연구』, 박이정, 2003.

정희모·이재성,『글쓰기의 전략』, 도서출판 들녘, 2010.

한재영 외,『한국어 발음 교육』, HOLLYM, 2003.

글쓰기의 절차와 과정

초판 1쇄 발행 2016년 8월 31일
초판 7쇄 발행 2024년 2월 29일

지은이 김경훤·오광근·유하라·김희경·현원숙·홍은실
펴낸이 유지범
펴낸곳 성균관대학교 출판부
책임편집 신철호
편 집 현상철·구남희
외주디자인 아베끄
마케팅 박정수·김지현

등록 1975년 5월 21일 제1975-9호
주소 03063 서울특별시 종로구 성균관로 25-2
대표전화 02)760-1253~4
팩시밀리 02)762-7452
홈페이지 press.skku.edu

ⓒ 2016, 김경훤·오광근·유하라·김희경·현원숙·홍은실

ISBN 979-11-5550-164-1   14710
979-11-5550-162-7   (세트)

잘못된 책은 구입한 곳에서 교환해 드립니다.